現代田園詩人
許其正作品研析

陳 福 成 著

華文現代詩點將錄
文史哲出版社印行

國家圖書館出版品預行編目資料

現代田園詩人許其正作品研析 / 陳福成著.
-- 初版 -- 臺北市：文史哲，民 107. 08
頁： 公分. （華文現代詩點將錄；3）
ISBN 978-986-314-423-6 (平裝)

1.許其正 2.新詩 3.詩評

851.486 107012923

華文現代詩點將錄 3

現代田園詩人許其正作品研析

著　者：陳　福　成
出版者：文　史　哲　出　版　社
http:// www.lapen.com.tw
e-mail：lapen@ms74.hinet.net
登記證字號：行政院新聞局版臺業字五三三七號
發行人：彭　正　雄
發行所：文　史　哲　出　版　社
印刷者：文　史　哲　出　版　社
臺北市羅斯福路一段七十二巷四號
郵政劃撥帳號：一六一八〇一七五
電話886-2-23511028 · 傳真886-2-23965656

實價新臺幣五二〇元

二〇一八年（民一〇七）八月初版

ISBN 978-986-314-423-6 86103

本書主角、現代田園詩人許其正（作者序）

這本書原構想只寫六百字稿紙百餘張，但我研究了許其正豐富又大量的詩作後，一再修改書寫計畫，竟欲罷不能的寫了將近原構想的三倍。只能說許君的作品太吸引我了，他的田園裡種了很多「名貴詩種」，我希望能推廣給更多人看見、賞讀。

本書分廿三章，第一章是〈緒論〉，末章〈總結〉，書末附許君〈年表〉。本書各章與註釋都是獨立的一章，乃為方便任何一章完整在雜誌發表，而不須再更動。

《華文現代詩》諸詩家研究，現在完成了第三本，各家各有特色，鄭雅文詩品散發佛法的芳香與智慧，莫渝致力於本土化與第三世界文學深耕，全台無出其右者。許其正的田園詩風，直可上接我國陶淵明、孟浩然等田園詩派，而為現代兩岸最傑出的田園詩人，質量均是自成一家之豐富體系。

往昔只讀過許君一、二作品，無心深入窺其全貌。近幾年漸漸深入賞讀，直至將其一輩子二百多首精選詩作研析，發現這是一座「世界田園奇蹟」，真是相見恨晚。（台北公館蟾蜍山萬盛草堂　主人　陳福成　誌於二〇一七年元月中國春節前）

《華文現代詩》點將錄
現代田園詩人許其正作品研析
目 次

1 圖像

許其正

海峡两岸游踪
（中英对照）
○许其正 著
○杨宗泽 译
Chinese-English
My Whereabouts on Both Sides of The Taiwan Strait
Poems by Hsu Chicheng
Translated by Yang Zongze
UNITE PRESS
拾級 STEPPING
Hsu ChiCheng

拾級
stepping
A Collection of Poems by
Hsu ChiCheng

（漢英對照 Chinese-English bilingual）
盛開的詩花
——許其正中英對照詩選
Blossoming Blossoms of Poetry
—Selected Poems of Hsu Chicheng (Chinese-English)
許其正 著
張智中 譯
Poems by Hsu Chicheng
Translated by Zhang Zhizhong
THE EARTH CULTURE PRESS

半天鳥
許其正著
葡萄園詩社印行

詩　集

3 圖 像

ШУ ЧИ ЗЭН
許其正 著
ТӨРСӨН МЭНГЭ
胎記
BIRTHMARK

重现
REAPPEARANCE
(中英对照)
(Chinese-English)
Poems by Hsu Chicheng
Translated by Yang Zongze
环球文化出版社

(中-英-日文对照)
(Chinese-English-Japanese)
山不讲话
The Mountain Doesn't Speak
山は語らず
许其正 著
Poems by Hsu Chicheng
Translated by Yang Xu & Zhang Zhizhong
环球文化出版社
THE EARTH CULTURE PRESS

胎 记
(中英对照)
BIRTHMARK
[Chinese-English]
许其正 著
杨宗泽 译
Poems by Hsu Chicheng
Translated by Yang Zongze
环球文化出版社
THE EARTH CULTURE PRESS

詩 集

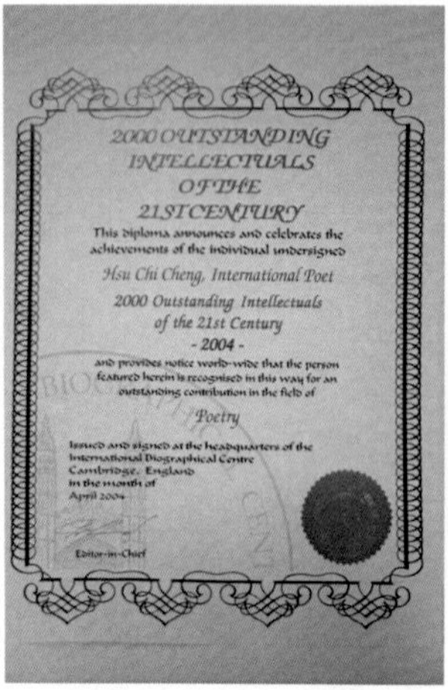
2000 OUTSTANDING INTELLECTUALS OF THE 21ST CENTURY
This diploma announces and celebrates the achievements of the individual undersigned
Hsu Chi Cheng, International Poet
2000 Outstanding Intellectuals of the 21st Century
- 2004 -
and provides notice world-wide that the person featured herein is recognised in this way for an outstanding contribution in the field of
Poetry
Issued and signed at the headquarters of the International Biographical Centre Cambridge, England in the month of April 2004
Editor-in-Chief

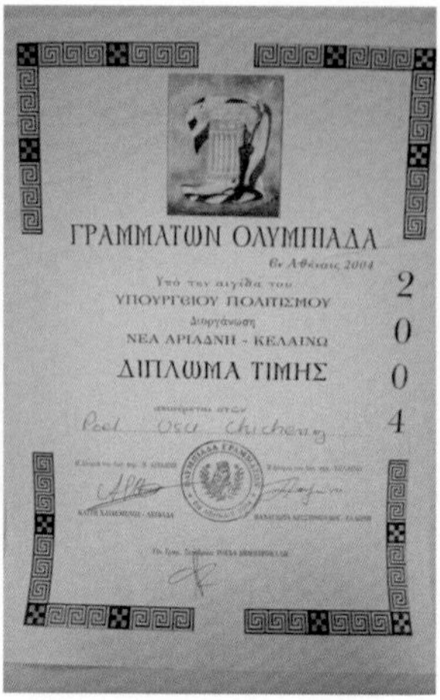
ΓΡΑΜΜΑΤΩΝ ΟΛΥΜΠΙΑΔΑ
Εν Αθήναις 2004
Υπό την αιγίδα του
ΥΠΟΥΡΓΕΙΟΥ ΠΟΛΙΤΙΣΜΟΥ
Διοργάνωση
ΝΕΑ ΑΡΙΑΔΝΗ - ΚΕΛΑΙΝΩ
ΔΙΠΛΩΜΑ ΤΙΜΗΣ
Poet Hsu Chicheng
2004

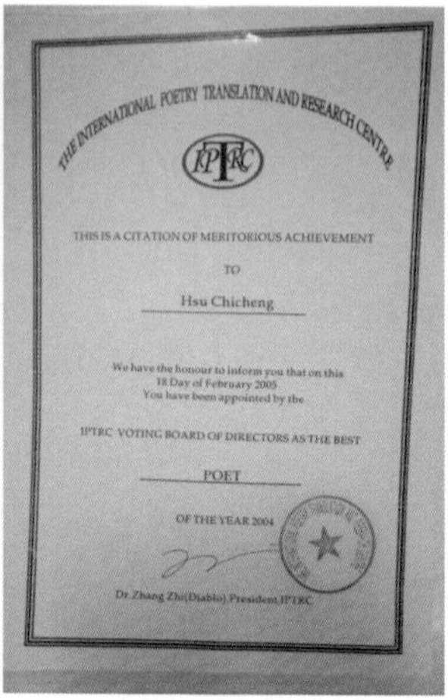
THE INTERNATIONAL POETRY TRANSLATION AND RESEARCH CENTRE
IPTRC
THIS IS A CITATION OF MERITORIOUS ACHIEVEMENT
TO
Hsu Chicheng
We have the honour to inform you that on this 18 Day of February 2005
You have been appointed by the
IPTRC VOTING BOARD OF DIRECTORS AS THE BEST
POET
OF THE YEAR 2004
Dr.Zhang Zhi(Diablo),President,IPTRC

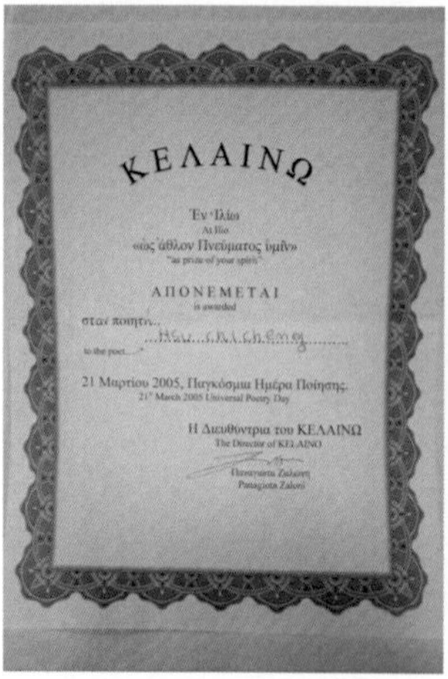
ΚΕΛΑΙΝΩ
Εν Ίλίω
At Ilio
«ως άθλον Πνεύματος ύμίν»
"as prize of your spirit"
ΑΠΟΝΕΜΕΤΑΙ
is awarded
σταν ποιητη...
Hsu Chicheng
to the poet...
21 Μαρτίου 2005, Παγκόσμια Ημέρα Ποίησης
21st March 2005 Universal Poetry Day
Η Διευθύντρια του ΚΕΛΑΙΝΩ
The Director of KELAINO
Panagiota Zalori

THE INTERNATIONAL POETRY TRANSLATION AND RESEARCH CENTRE
IPTRC
SIMULTANEOUSLY REGISTERED BOTH IN THE UNITED STATES OF AMERICA AND THE PEOPLE'S REPUBLIC OF CHINA
Diploma
THE INTERNATIONAL EXECUTIVE COMMITTEE OF THE INTERNATIONAL POETRY TRANSLATION AND RESEARCH CENTRE
Hereby confers upon
Hsu Chicheng
The Honorary Degree of
Doctor of Literature (LITT.D.)
This diploma is issued by the PRESIDENT of THE INTERNATIONAL POETRY TRANSLATION AND RESEARCH CENTRE
February 18,2003
Dr.Arthur Zhang,Litt.D.
PRESIDENT

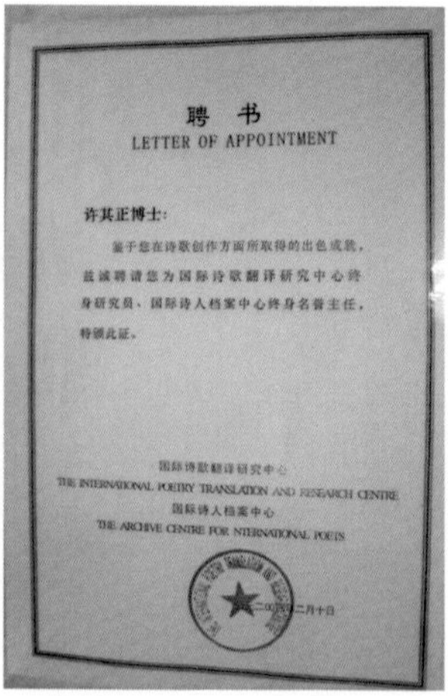
聘书
LETTER OF APPOINTMENT
许其正博士：
鉴于您在诗歌创作方面所取得的出色成就，
兹诚聘请您为国际诗歌翻译研究中心终身研究员，国际诗人档案中心终身名誉主任，
特颁此证。
国际诗歌翻译研究中心
THE INTERNATIONAL POETRY TRANSLATION AND RESEARCH CENTRE
国际诗人档案中心
THE ARCHIVE CENTRE FOR INTERNATIONAL POETS

獎 

第一章　關於許其正與其文學之路

我之前寫《華文現代詩》點將錄，研究莫渝時，覺得「莫渝文學」是一座既深又廣的山脈體系。現在開始研究「許其正文學」，發現他是完全不同的山勢，雖然他的詩作本質是田園文學，但詩人是堅定的、執著的，要攀登田園文學的「珠穆朗瑪峰」，人間唯一的孤高之峰，沿途是孤冷、寂寞的。詩人堅持「自己一個人走自己的路」。（註①）

他用一生的堅持，堅定的走了五十多年「田園詩風」，眼看著他就快要攀上文學界的「珠穆朗瑪峰」。到如今，如詩人自己所言「已是到地的老人了」，他仍一往直前，像那「薛西弗斯」，要把巨石推上珠穆朗瑪峰，巨石一再滾下來，仍不減詩人向上追尋目標的意志。這就是詩人許其正，以下各節略述其生命歷程和文學之路等。

生命歷程簡介

許其正，一九三九年（民二十八）八月，出生台灣屏東縣，一九六四年（二十五歲）東吳大學法律系畢業，同年到軍法學校受訓，結訓後於十月服預官役，在空軍警衛旅任軍法官職。

預官役退伍後，許其正先後在志成高職、潮州初中、永達工專（兼第一屆董事、講師、課務主任、圖書出版主任）、新埤國中、光春國中、新莊國中等校任職。到一九九八年（五十九歲），許其正從新莊國中退休，這段教育與行政工作期間，許其正在四十四歲那年，在高雄師院完成教育研究所學業，取得碩士學位。這算是「老碩士」了，可敬！

這位出身法律系（五年制英美法系組）的法律人，怎會成為「終身制」詩人？從他的學經歷可以看到一些因緣。他在就讀東吳時，就曾任《大學詩刊》、《雙溪》、《達德學刊》、《中華青年學刊》編輯，二十五歲出版第一本詩集《半天鳥》。此後十餘年專心工作沒有出版書。三十七歲後又有很多作品問世，大量翻譯成各國文字出版品，則是六十五歲以後的事。

半個世紀前的台灣，一個法律系畢業生，能當軍法官更證明了「身家清白、思想純正」。以這樣的條件，若專志當個「法律人」，必然是個「大律師」。若其從政，不難步步高升，爬上高位，「錢」和「權」必然滾滾而來，有享不完的榮華富貴，有光宗耀祖之美名，那個年代的有為青年都這樣立志的！

但，詩人不走這條人生的康莊大道，不取榮華富貴。他堅持一個人走另一條孤獨的田園小路，遠離能取富貴的「法律人」，這又是何樣的因緣？

詩人，「自己一個人走自己的路」

任何人會傾其一生大部分歲月，從年輕到老，不忘初心，堅持、執著於某種「春秋大業」，必然有很特別的背景因素。研究許其正，光是看他從大學接觸到文學，這樣是不夠的，這只算近因。在《盛開的詩花》序〈詩花盛開，多彩繽紛〉乙文，詩人有一段真情告白：

> 我所寫的，可以說絕大部份是我在鄉間田園的所見所感和親身體驗，說是以血寫成的，實不爲過。我寫作一直以人道爲基點，「多寫鄉土、田園、大自然，歌頌人生的光明面，勉人奮發向上。」有益於世道人生……一直堅守「田園」，「走自己的路」，耕自己的地，播自己的種，培植自己的作物。

再苦都不怕

再孤獨也無所謂

自己一個人走自己的路（註②）

從這段告白，已可論證詩人對自己「田園詩人」有強烈而恆久的使命感，回溯到大學接觸文學是不夠的。這種深種內心的使命感，有更早的源頭，我從環境和基因兩部份略說。

先說環境，生物都必然受環境影響，人當然也是。許其正從出生到上大學，都生活在屏東鄉下，每日與田園為伍，以後的工作教職等也常在偏鄉。田園鄉村人文「可以清洗人的靈魂」，可以昇華作品的境界，這是千真萬確的事。我在寫《莫渝現代詩賞析》一書，提到俄國作家普希金的例子，一八二四年八月，他因作品諷刺沙皇被流放，軟禁在一個鷄不生蛋、鳥不拉屎的鄉村「米哈伊洛夫斯克」。他因禍得福，因村人的純樸溫馨，鄉村的美麗田園，他快樂勞動，心靈昇華，讓他作品達到最高境界，成為偉大的作家、詩人。像這樣的田園詩人，吾國也不少，後面相關章節都會略述。

再說基因，更影響人一生一世。許其正的父母都是純樸的農夫，一生務農，詩人從小到大也幫忙農事，這是「靈魂的清洗、精神的淨化」，不成田園詩人也難。在我仔細讀過許公詩作的二百多首代表精品中，有十多首寫他的父母，都看得出他受父母影響很大，對自然、田園、鄉村極有歸屬感，這是成為田園詩人的重要基因。在〈父親的畫像〉一詩末段，詩人曰：（註③）

啊！我越來越像我父親了
越來越像我父親？
不，我越來越向我父親了

這首詩中兩行用了巧妙的兩個字，從「像」到「向」，表示詩人對父親的歸屬感日愈濃厚，向心力日愈強烈。這種情境，必然使自己的思想、詩觀，日愈貼近農夫、田園和大自然的情懷，不成田園詩人也難！

「環境」和「基因」，可以是兩個獨立的議題，也是兩個可互為因果、相互影響的「變項」，所以也是一體的。非洲有一種猩猩（同種），因剛果河形成，被切割成南北兩群，經大約三百萬年演化，變成完全不同的兩個品種，體型性格和社會結構完全不同。但科學家解開牠們的DNA密碼，原來牠們是相同的種演化出來的。

環境、基因，加上後天興趣的養成，鼓舞和努力，造就許其正要成為「田園詩人」，這是一條孤獨的路。但他決心「自己一個人走自己的路」，沿著這條路，登至文學界的「珠穆朗瑪峰」。

許其正「田園詩人」的內涵要綱

我研究許其正的現代詩，根據三個文本。其一是《盛開的詩花－許其正中英對照詩選》（註④）。這個文本是詩人從廿二歲到七十三歲，五十年間全部創作的精選，共選出一百五十三首現代詩。其次是詩集《拾級》（註⑤），二〇一六年才出版的新作，有七十七首詩。其三是詩人近兩年來，發表在《華文現代詩》的作品。

合以上三個文本，共二百四十餘首現代詩，「田園、鄉土、大自然、人生光明面」，是主要的核心內涵，而「田園詩人」則是總標題，可以說是詩人的「人生大戰略目標」。在於深入研讀、理解、分析、歸納後，在這個田園總標題下，其詩品可以分類成如次眾多要綱：

◎**田園詩人許其正**。詩作如〈走自己的路〉、〈胎記〉、〈航行〉、〈火車頭〉、〈大板根〉、〈沉浸〉、〈涉〉等。

◎**許其正版的「薛西佛斯神話」**。詩作如〈腳印・踩在沙灘上〉、〈玩沙者〉、〈噴泉〉、〈山路〉、〈雪中有火〉等。

◎**詩人的形像，打敗時光**。詩作如〈山〉、〈山不講話〉、〈南方的一顆星〉、〈我的橋〉、〈詩意重回〉、〈誰曾打敗過時光〉、〈梅花的畫像〉、〈筆〉等。

◎**田園在呼喚，與大自然對話**。詩作如〈果樹園的呼喚〉、〈看海〉、〈海的五貌〉、〈海面一景〉、〈白雲圓舞曲〉、〈民謠〉、〈投向大自然的懷抱〉、〈聽吟詩去〉、〈泥土的顏色〉、〈半天仔翩飛著〉、〈野兔奔躍出田園〉、〈詩滿田園〉、〈田園詩散發〉等。

◎**永遠看見人生有希望**。詩作如〈只要有一線亮光〉、〈落葉的心事〉、〈給白髮〉、〈飛魚〉、〈拾級〉、〈蠟燭偶得〉、〈賞花〉等。

◎**物語開講，許哥人生**。詩作如〈種子的願望〉、〈芽〉、〈陀螺〉、〈根〉、〈鳳凰木枝頭〉、〈野草的自述〉、〈樹語〉、〈老榕樹〉、〈彗星呀〉、〈草依然微笑〉、〈窗前落葉〉、〈花海〉、〈小雨滴〉等。

◎**追尋、修煉與歸宿**。詩作如〈青鳥・夢・追尋〉、〈向日葵〉、〈歸〉、〈熨〉、〈夏日・青春〉、〈困〉等。

◎**時序季節的情話，說人生**。詩作如〈驚蟄後〉、〈冬天裡的希冀〉、〈春天忙碌著〉、〈風，恆常吹著〉、〈又驚又喜〉、〈晨景一瞥〉、〈夏・細雨中〉等。

◎**動物開示，一個人的「啓蒙運動」**。詩作如〈化蝶〉、〈那隻飛鵬〉、〈展開翅膀〉、〈螢火蟲呀，你……〉、〈林木間的松鼠〉、〈囚鳥〉、〈傾盡全身心力－擬蟬〉、〈飯粒〉等。

◎**人生依然有惑？一切歸於「斷滅」？**詩作如〈我看見時光〉、〈蟬殼〉、〈給歲月〉、〈抓不住〉、〈不以為然〉、〈雪景〉、〈大浪〉、〈流矢〉、〈時光的金馬車〉等。

◎**把愛人藏在「金詩屋」裡**。詩作如〈日出〉、〈春〉、〈春風〉、〈望星橋〉、〈妳是一朵盛開的玫瑰〉、〈互握著手〉、〈雨・山徑上〉、〈蝴蝶・結〉、〈進入六月〉等。

◎**諷喻與警示，關於環保**。詩作如〈他們是生態保育專家？〉、〈從砂石場邊走過〉、〈台灣黑熊〉、〈樹的晨禱〉、〈遙遠的星空〉、〈螢火蟲飛呀飛〉等。

◎**批判，人們對自然和物種的傷害**。詩作如〈紅尾伯勞的哀訴〉、〈大自然的心聲〉、〈他們說他們是文明的〉、〈因果論〉、〈斑鳩呀，你飛吧〉、〈冬日民治溪邊小立〉等。

◎**田園文化裡，有淡淡的政治味**。詩作如〈東方之醒〉、〈尋根〉、〈線裝書〉、〈無根草小詠〉、〈媽媽，請妳要保重〉、〈哀蓄習〉等。

◎**親情、血緣，永恒不變的ＤＮＡ**。詩作如〈一雙皮鞋〉、〈詠母親〉、〈臍帶〉、〈媽媽的臉〉、〈媽媽，請妳要保重〉、〈懷念〉、〈請告訴我〉、〈父親的咳嗽聲〉、〈歇睏一下〉、〈爸，回家吃飯〉、〈父親的畫像〉、〈重疊的影像〉等。另如〈故鄉擁抱著我〉、〈看到炊煙〉，寫的是鄉愁，鄉愁亦源自親情。

◎**禮讚佛法，闡釋因果輪迴觀**。詩作如〈朝佛行〉、〈菩提心〉、〈回首〉、〈因果論〉等。

◎**世界詩人大會，國際詩文交流**。詩作如〈戶外詩歌朗誦〉、〈詩朗誦，在草坪上〉、〈湖港之晨〉、〈奧林匹克真義〉、〈安息吧！詩人〉等。

◎**退休眞好，解放與囚徒之間**。詩作如〈擺脫鎖鏈〉、〈纏〉、〈重現〉、〈拔河〉、〈只要不長大〉等。

◎**〈彩繪晚霞〉，銀髮族的春天**。詩作如〈甘蔗的話〉、〈分期付款〉、〈晚風裡〉、〈銀光是〉、〈讓火繼續旺燃〉、〈醉蓮〉、〈黃昏・晚霞〉、〈那張臉〉、〈彩繪晚霞〉等。

◎**黃昏情境裡的波浪，回憶與悚然**。詩作如〈和記憶遊戲〉、〈速度如刀〉、〈童年是一首歌〉、〈仰望天上的雲朵〉、〈時光呀，你玩著什麼魔術〉、〈皺紋〉、〈遲暮〉、〈十七歲VS七十歲〉、〈黃昏裡〉等。

◎**〈最後這段路〉與人生的境界**。詩作如〈最後這段路〉、〈走在長巷裡〉、〈寒夜心燈〉、〈一轉身〉、〈鄰居〉、〈雕鑿〉、〈自勉〉、〈以七十為春〉等。

許其正著作總目（以正式已出版文本為準）與說明

許其正創作以詩、散文為主，六十五歲以後有大量譯詩作品。為能清楚的了解他一生出版品，從二十六歲出版第一本詩集《半天鳥》開始，每十年為一階段簡述之。

△一九六四（二十五歲）～一九七三年（三十四歲）

這十年間，詩人僅在正當青春的二十六歲，出版了人生第一本詩集《半天鳥》，此後便無寫作記錄和文本出版。從詩人年表（本書末）看，應是忙於成家立業。此其間，他換了四個工作地方及兼任兩報記者（見年表）；在二十九歲與林蜜結婚，往後幾年三個孩子誕生（俊傑、雅靜、雅惠）。詩人，想必忙得頭昏了，那有「美國時間」寫詩？詩也不能換奶粉！

△一九七四（三十五歲）～一九八三年（四十四歲）

此期間許其正有四本散文集出版，分別是《穟苗》、《綠園散記》、《綠蔭深處》、《夏蔭－許其正散文自選集》。另有一本詩集出版，《菩提心》。平均每兩年出版一本，顯然他的「文學感」是已經醒來了。

△一九八四（四十五歲）～一九九三年（五十四歲）

此期間的前五年「文學空白」，沒有出版文本，零星寫作大概未停，判斷是家務和工作關係。到五十三和五十五歲，分別有兩本散文集出版，《珠串》和《走過牛車路》，五十七歲出版詩集《南方的一顆星》。這段時間，許其正參加過第十五、十六兩屆世界詩人大會，也榮獲國軍文藝金像獎和青溪金環獎的劇本佳作，顯見他的文學領域更寬廣了。

△一九九四（五十五歲）～二〇〇三年（六十四歲）

五十九歲時詩人退休了，人生退休才開始，他大概玩了五年（無出版記錄），也參加各種文學活動（見年表），開始有中外文譯詩是六十五歲後的事。詩集《海峽兩岸遊踪》出版，先有中英，後有中希（臘）文版問世。六十八歲再有詩集《胎記》（中英對照）出版，此期間也參加很多國際文學活動，獲得很多榮譽、名銜等。（均見書末年表）

△二〇〇四（六十五歲）～二〇一三年（七十四歲）

譯詩集《心的翅膀》出版，中、希、英、法、義文對照，原著為希臘詩人Zanneta Kalyva-Papaiomnou。

詩集《胎記》，分別出中蒙、中希兩種文本。

詩集《重現》，出版中英對照本。

詩集《山不講話》出版，中英日三語對照本。

譯詩集《不可預料的》出版，原著是希臘詩人potis katrakis。

散文集《打赤膊的日子》（《走過牛車路》革新版）。

散文集《走過廍仔溝》出版。

詩集《盛開的詩花－許其正中英對照詩選》出版。

詩集《旅途上》出版，中英對照本。

△二〇一五（七十六歲）

詩集《拾級》出版。（這是第一本自譯英文本，前面各中外文詩集都別人譯）散文集《晚霞燦黃昏》出版。

小結本文，有兩點歸納說明。其一、許其正是天生的田園詩人，他就像現代陶淵明，只有做田園詩人才自在，吃任何公家飯（或拿人薪水的工作）都不自在，都是「枷鎖」。他有兩首詩〈纏〉和〈擺脫鎖鏈〉證明這個說法。（註⑥，見第十九章論述）田園詩人的養成，源於環境、基因、後天培養的興趣和努力。

其二、為何許其正到六十四歲後，才積極、大量的把自己作品譯成各國文字？這應該是「頓悟」使然。很多人以為頓悟是突然發生，完全不是，頓悟還是和長期經驗學習有關。譯詩一事證明詩人是有「企圖心」的，洋人不懂中國文學，因無好的譯本，中國人在世界文壇就難以出頭天。許其正悟之了然，乃積極譯詩，把自己詩作介紹給洋人，企圖登上世界詩壇的珠穆朗瑪峰，再創人生的高峰。

註釋

①引自許其正詩，〈走自己的路〉，《盛開的詩花－許其正中英對照詩選》（重慶：環球文化出版社，二〇一二年五月），頁三五六－三五七。

②同註①，頁一二。

③許其正，〈父親的畫像〉，《拾級》（stepping）（New Delhi, India, Authorspress，二〇一六），P. 87。

④出版資料見註①。

⑤出版資料見註③。

⑥同註①書，頁二九八－三〇一。

第二章　田園詩人許其正，走自己的路

佛法常言「萬法因緣生、萬法因緣滅」，這是說世間一切發生的事，導至的「果」，必有因緣。世間絕無「無因之果」，田園詩人形成也是，除了個人「小歷史」的因緣，還有國家民族「大歷史」的因緣。

中國大歷史的發展，有個眾人皆能說出並能了解的「準定律」，「合久必分、分久必合」，這個問題我至少思考或研究了四十年。我最後歸結到一個很簡單的道理，連小學生也懂的道理，即和「東西用久了會壞」一樣，電視用久了會壞，身體用久了會壞，國家久了就壞了，朝代政權用久了也壞。舊的壞了，新的才會來，這不就是「物理定律」嗎？也是一種自然法則。

就在這中國大歷史分合演進過程中，中國的文人們（作家、詩人、藝術家等），也出現一個有趣的現象，因為「現象」出現在某些特定時空背景，也被學者稱「準定律」。就是在「天下可為」時，文人樂於從政，追求用世服務的機會；當「天下不可為」時，文人寄情山水田園，遠離政治，追求自己心靈平靜的世界。吾國有名的田園山水詩人，都出現在政局動亂乃至天下不可為之時。這種情形，中國政治思想是一個源頭的詮釋，天下可為太平盛世，儒家思想得到重用；天下不可為或政局動亂，佛道老莊受到重視，文人躲進佛道老莊的「避風港」。

打開吾國文學史，山水詩最初代表人物謝靈運，生晉孝武帝太元十年（三八五年），卒南北朝宋十年（四三三年）。他寫山水詩興起的政治背景，晉室東渡，偏安已定，壯志也都消磨了，除寫詩寄情山水，人生已沒多大意義了。

山水詩的另一形式是田園詩，大家都知道田園詩是陶淵明首創。他生在晉哀帝興寧三年（三六五年），卒於南北朝魏始光四年（四二七年），也是末世之動亂時代。田園詩和山水詩的心理狀態相同，都是對當時政局、社會的不滿，即逃避現實，擺脫塵俗，追求心靈理想世界，都是躲進佛道老莊的「避風港」。如他的〈雜詩〉：「**人生無根蒂，飄如陌上塵，分散逐風轉，此已非常身。落地為兄弟，何必骨肉親。得歡當作樂……**」這是多大的不滿！多大的嘆息！

山水詩和田園詩，雖始於謝、陶，但推動、發展、壯濶的，則是唐代王維和孟浩然。至此更臻佳境，而成「山水田園詩派」，這二人都是有機會當官掌「權」，最後選擇追尋大自然的生活方式。王維生於唐武后大足元年（七〇一年），卒於唐肅宗上元二年（七六一年）。孟浩然生於唐睿宗永昌元年（六八九年），卒於唐玄宗開元二十八年（七四〇年）。

為何談許其正田園詩，先追溯吾國山水田園詩的形成背景？因為詩人作品和大時代政局必然是相關的。謝靈運活在晉室江左偏安時代（同台灣偏安政局），陶淵明活在晉之末世（中華民國在台灣如「南明」，也是末世）。而王維碰上「安史之亂」，險些老命不保，孟浩然也經過亂世。他們的詩風都躲開現實面，企圖遠離政治圈，但都仍有淡濃不一的「政治味」，或不滿或批判或諷刺等，這些作品就不用一一舉例了。

常言道危機就是轉機，又說最黑暗的時代就是最有機會的時代。也確實，英雄豪傑、政客貪狼、機會主義者，亂世就是最佳革命造反或取利的機會；但有些不一樣的人，選擇找個「世外桃源」，當起「田園詩人」。一樣米養出千百樣人，同樣碰到困局，有人選擇自立自強，殺出血路，活出更大一片天，有人選擇跳樓，了此殘生。這些，都和大歷史、小歷史的環境、基因、因緣有關。綜合各項因緣，每一個人都是「走自己的路」，許其正也是，賞讀〈走自己的路〉。（註①）

一個人，走自己的路

走自己的路
自己獨自一個人

即使頂著炎炎夏日
即使在寒冷的冬日
即使在黑黑的暗夜
即使暴風雨正發威
儘管環境再惡劣
還是要獨自一個人
勇敢地走自己的路

只有一個人
孤獨地走自己的路
孤獨地向前

路還有多長？
前程還有多遠？
山水困阻還有多少？
只有向前走
才能得到答案

握緊意志
對準目標
再苦都不怕
再孤獨也無所謂
自己一個人走自己的路
把崎嶇踩平
把陰霾驅散
走出風雨
去把陽光擁抱

看倌絕不相信，我專心讀完這首詩，想到了什麼！我想到了《西遊記》裡的唐三藏，這是嚴肅的歷史。事實裡，三藏取經就是一個人孤獨的「走自己的路」，那三個本領通天的徒弟是小說虛構人物。三藏西行，他立誓「寧可向前一步死、絕不回頭一步生」，對照許其正詩意表達，不是兩個一模一樣的身影和情境嗎？

詩的一、三段，以重複的語意表述「只有一個人／孤獨地走自己的路／孤獨地向前走」，這是堅定的意志。第二段是面臨各種困境，亦不改其志，「還是要獨自一個人／勇敢地走自己的路」，後兩段堅決表示，不論路多長！也要堅持到底。這不是現代版詩壇唐三藏，這是什麼？詩人是寂寞的行業，要當一輩子「田園詩人」，也就寂寞加孤獨，這須要恆心、決心加鋼鐵意志。他有一首〈航行〉長詩表達這種決心意志。「……把住舵呀！／有力昂然指向遠方……堅強如山帝埃戈……」。（註②）詩人以海明威《老人與海》書中老人名字比喻，相同情境，除暗示一種堅定和勇氣，更宣示都是勇敢一個人走自己的路。他有一首短詩〈胎記〉是堅定的這種情境，證明我說他是「天生的詩人」，來自基因，如「胎記」。

洗了一生
刷了一生
怎麼洗怎麼刷
都洗不掉刷不掉
即使用最好的洗潔劑
即使用盡所有力氣
仍然對它動彈不得

原來胎記之於我
與生俱來，根深柢固

是美也好，是醜也罷
我就是我
我永遠是我
終身堅持到底

絕不稍有改變
哪怕風雨再大……（註③）

這是一首詩意豐富的作品，詩語言所謂的「豐富」不同於學術著作所述之豐富。詩語言之「豐富」是有多層次、寬廣不同之詮釋，如這首〈胎記〉，第一層實寫胎記，永遠和詩人在一起，同生共死。在上一層是對自我（含出身家族、血緣等）的肯定，清楚明白的認識自己。最高層次則宣示對人生大業的堅持，屬人生觀、人生哲學的「宣言」，詩人要成為一個「田園詩人」，要攀上高峰，這是絕不改變的。「我就是我／我永遠是我／終身堅持到底／絕不稍有改變／哪怕風雨再大……」

這不就是唐三藏所述、所堅持的「寧可向前一步死、絕不回頭一步生」？直到快八十歲了，詩人仍不改其志，堅持的力道仍和年輕時代一樣，「我還是我」。如這首小詩〈涉〉（註④）

滾滾濁流
滔滔

涉入，還要
涉入

濕了？
髒了？

管不了
即使沒頂

太好了！真是一首層次、境界又豐富的小詩，除了對信念、事業、人生方向的堅持，還有很多詮釋，可多層次解讀。滾滾濁流可以形容是我們人類所處的「五濁世界」，也可以說是詩人工作或創作面臨的打擊等險境，也不顧一切仍涉入向前走，「管不了／即使沒頂」。寧可向前一步沒頂死，絕不回頭一步妥協生，可敬啊！詩人！生命誠可貴，還有什麼比生命更可貴的？唐三藏為求佛法，許其正為啥？

沉浸下去
沉浸到波濤洶湧的
沉浸到無邊無際的
大海大洋裡

全力付出
無私奉獻
一往無前
不再回頭

即使竭盡所有力量
即使溺斃
也心甘情願

誰叫你是我的最愛？
你是我死生相許的
燦亮的詩（註⑤）

這首〈沉浸〉詩意豐富而悲壯，原來一切都為了詩，為了成就「田園詩人」的高度，「**即使溺斃／也心甘情願**」。至此，發現另一個可以深論的「議題」，按牛頓三大定律之反作用力原理，一個走向「極右」的人，必然在「極左」的地方受到嚴重的打擊；反之，亦然。到了即使溺斃也心甘情願的「境界」，大約已超越了「環境、基因、因緣」等可解的範圍，這一定有某種「事件」發生，遭受嚴重打擊，才有可能促進這種「死絕」的動力，有如一個決心「絕死」的壯士，抱必死之決心，不惜成為烈士。到底發生了什麼「事件」？這必然是個人最「機密」的區塊，可能除自己以外，所有親人亦不得而知。故，吾人不再往下「剝」，只視為驅動人生邁向目標，一種意外出現的動力，本來人生就有很多意外。而意外也是一種因緣，「意外」加「意內」，就是人生的總體動力。

許其正生於田園，長於田園，植根田園，詩寫田園，田園如同生命和衣食父母，所以他把一生智慧才情獻給田園。詩人形容自己像「大板根」，深深釘牢他所愛的這塊土

地。讀者客倌！定要好好讀這首〈大板根〉，會有啟蒙式的領悟，就能更清楚這位田園詩人的形像。（註⑥）

土質是不是肥沃
幅度夠不夠寬大
風景夠不夠美麗
適不適合我居住
那是另一回事
我可不管這些
我堅持：
要在這裡居住下去
因為我愛這塊土地
我是一顆神奇的樹
根特別大而厚

定力特別堅強
既然出生在這裡
我就要永遠居住在這裡
要把根釘下去，釘下去
不管有什麼阻力
深深釘下去，釘牢這塊土地
堅定不移，牢不可拔

即使有人笑我傻，說我笨
甚至孤立我，欺壓我
我都不管
我有我的堅持
我不是那些候鳥
我愛這塊土地
我要住在這裡

要把根釘下去，深深釘下去
釘牢這塊土地……

我的根大又厚
這就是證據，就是宣示：
我屬於這塊土地
我堅持不離開這塊土地
不管干擾的外力如何：
風雨再大，霜雪再冷，炙陽再烈
都動搖不了我這個信念
我一定要在這裡堅強挺立
堅強挺立，直到永遠……

就以這首詩的宣示為本文結論，詩人以「大板根」意象自許，有夠堅定與偉大。當然，詩有多意，田園詩人最善於以自然各物種說話，即一種擬人法。所以詩的第一層意義，就是寫真實的大板根。但詩中的「這塊土地、住在這裡」等，則有多重範圍，從古早詩人父母耕種那塊農地，再擴大是屏東故鄉，更大是台灣這塊土地，再高有形而上的意涵，勉勵所有的人要愛他所生長的土地。而最重要的核心內涵，是詩人宣示他的人生宗旨和詩觀，他的詩就是在禮讚自己生長的這塊土地。

要這樣堅持一輩子是困難的，因為很多身邊的朋友已經得到榮華富貴，人要抗拒誘惑很困難。而詩人放棄榮華富貴，走一條冷落孤寂的「詩路」，被「霸凌」應該是難免的。「**說我笨／甚至孤立我，欺壓我／我都不管／我有我的堅持**」，有的人被霸凌了是去跳樓跳海，有的人被霸凌愈發堅決自強，詩人屬於後者。

我認為，詩人所碰到的責難、奚落、欺壓，這些各種形式的霸凌，都被詩人的「內功」化解，並轉換成一種積極的動力，讓詩人增強堅守田園的信念，他決心「走自己的路」，「**我一定要在這裡堅強挺立／堅強挺立，直到永遠……**」。

註釋

①許其正，〈走自己的路〉，《盛開的詩花－許其正中英對照詩選》（重慶：環球文化出版社，二〇一二年五月），頁三五六－三五七。

②許其正，〈航行〉，同註①書，頁九二－九七。
③許其正，〈胎記〉，同註①書，頁九八－九九。
④許其正，〈涉〉，《華文現代詩》第十一期（台北：文史哲出版社，二〇一六年十一月二十日），頁七四。
⑤許其正，〈沉浸〉，同註①書，頁三三八－三三九。
⑥許其正，〈大板根〉，同註①書，頁六八－七一。

第三章　許其正版的「薛西弗斯神話」

人，應該是地球所有物種進化至今，最複雜、最神秘的生物。世間沒有一個人，可以被「完全解讀」或「完全認識」，乃至現代腦科學家、精神科學或心理科學等，對於人的「想法、動機」，都只能解讀一小部分。所以，人極易偽裝，幾乎所有的人表現於外者，絕非百分百的「真相」！許多動機、想法，都是「灰色地帶」！

例如，「執著」和「堅決」有何不同？唐三藏「執著」和「堅決」西行求法，兩詞代表的語意有何不同？許其正「執著」和「堅決」走自己的路，二者那一個最合詩人心意？一般而言，執著是要「破」，堅決是要「立」的，檢視許多人類行為的解讀，似也未必正確，只能說一切都是「測不準原理」。

包含「薛西弗斯的行為」也是測不準，執著也好堅決也罷，我只是捕捉到「薛西弗斯和許其正的共同意象」，試加論述，也衍繹許其正詩的特別神奇意涵。

關於「薛西弗斯神話」

卡繆（A.Camus, 1913-1960），是法國荒謬的存在主義大師，他也是偉大的小說家、劇作家和評論家。一九五七年卡繆榮獲諾貝爾文學獎，因為「他重要的文學作品，以睿智的熱誠，闡明了吾人時代的良知問題。」可惜一九六〇年元月四日，不幸車禍而去世。

《薛西弗斯的神話》（Le Mythe de Sisphe），是卡繆在一九四一年寫成，次年出版，和《異鄉人》、《誤會》等，都是卡繆第二期的代表作。

《薛西弗斯的神話》一書，分三章：〈荒謬的推論〉、〈荒謬的人〉和〈荒謬的創作〉，另一短文〈薛西弗斯的神話〉是前三章註腳。最後有一附錄〈法蘭茲．卡夫卡作品的希望與荒謬〉。（註①）

卡繆 (A. Camus, 1913-1960)

各章節出現一個惑人的詞字「荒謬」，因流佈太多，成了卡繆的代名詞，也產生許多歧義和誤解，如悲觀、虛無或棄世等。這些都是對卡繆文學和哲學價值判斷的誤讀，甚至錯解。卡繆哲學和文學非本文論述要點，故不贅文，僅針對「薛西弗斯的行為」略說。

被荷馬（Homer）讚美是最聰明的凡人薛西弗斯，被神判了重刑，諸神命他晝夜不休地推滾巨石上山，快達山頂時，由於巨石重量又滾下山，薛西弗斯必須下山重新開始。如此，不斷推巨石上山又滾下來，再重來，永無休止，晝夜不息！

薛西弗斯為何被判了這種重刑？

瑞典國王庫斯塔芙 (Gustave) 六世，將諾貝爾文學獎頒給卡繆

原來他犯了「洩密罪」。初始天帝邱比特（Jupiter），擄走了河神伊索普斯（Aesopus）的女兒伊琴娜（Aegina）。當父親的伊索普斯心急如焚，求助於薛西弗斯。薛西弗斯知道這件誘拐案的真相，願意相助。但他要求河神賜給柯林斯（Corinth）城一個水源，作為交換條件，他因而洩露了天帝的秘密，被打入地府服推石上山之苦役。

薛西弗斯在地府亦不安份，據荷馬說，薛西弗斯一度把死神上了鐐銬，閻羅王（Pluto）受不了地獄「死口」愈來愈少，派戰神出兵，才把死神救回來。薛西弗斯的無期徒刑，就更加無期了……

關於薛西弗斯推石上山的「永恆事業」，到底荒繆不？是否有意義？有各種詮釋，本文不述。其中有一種說法，是過程比目標重要，推石上山已足以使人生活充實，內心快樂。所以，薛西弗斯是快樂的，內心也是充實的，他做了自己的主人。

許其正版的「薛西弗斯神話」

或許世間每個人都是薛西弗斯的翻版，有人很像有人不太像。史明一輩子搞台獨，李登輝忽統忽獨，馬英九不統不獨，蔡英文搞獨終統。再看文壇詩界諸君，張默一生獻身《創世紀》，涂靜怡一輩子就給了《秋水》，彭正雄終身也給了《文史哲》。以上不過例舉，許多堅持或執著，似乎和薛西弗斯推石上山的行為所差無幾。

詩壇上眾多「薛西弗斯族」中，我研讀過詩人作品或接觸其人，發現幾可成為薛西弗斯翻版的，就是我們《華文現代詩》的許其正先生。這當然必須拿出「證據」，賞讀他的〈腳印．踩在沙灘上〉。（註②）

那個下午，在那個沙灘上
我看見一個披散著長髮的男人
用力地往沙灘上踩著腳
一次比一次用力
一次比一次用力……

「你在踩什麼？」
我鬧不清。
我疑惑地問：
「為什麼不停地踩著腳？」

「我在踩腳印。」他說：
「我要把腳印留下來！」
他又用力地踩了一下腳

「沒用啦！」我說：
「這是海邊沙灘
浪潮馬上會將腳印淹沒掉
你再怎麼踩
都留不下腳印的。」

「我才不信。」
他再次用力地踩下去：
「我一定要留下腳印來！」

浪潮又湧上來
把他的腳印淹沒掉

待潮水退去
腳印已消失
他再次用力地踩了下去

時間分秒不停地過去
當天將黑
我欲歸去：
「沒用啦！回家吧！」

「不！我才不信！
我要更用力地踩！
我一定要留下腳印來！」

他再次提起腳
用力地踩下去……

第二段第二行的「鬧」字，大概印刷有錯，並非適當用字。但「我鬧不清」也尚可解，因為詩人看到這個「瘋子」的「荒謬」動作，也可以一直「鬧」下去，非要鬧到清楚不可。惟如此詮釋，有些不合題意，客倌讀者以為呢！

從詩學論之，這並非「寫境」之作，而是「造境」之作，造境雖屬理想主義，也並非虛構之事，仍然建構在真實故事的基礎上。這個「真實故事」，正是詩人自己的人生經驗和理想，經由自己的「實證」檢驗後，用抽象化、意象化，以詩語言和形式呈現出來。技巧上採對話錄形式，其實詩人是和自己對話，真實情境裡，到海灘等一百年也等不到這樣的「真人真事」出現。所以「那個下午，在那個沙灘上／我看見一個披散著長髮的男人」，只是一種「借境」，借這種情境說話。

第一段呈現出和薛西弗斯一模一樣的行為，並無言說，如電影的開場白就點出事件的「真相」。主角的形像也刻意在「化裝」上下了工夫，試想，詩人為何不用「留小平頭穿西裝的男人」？或至少四平八穩中規中距的形像！而用「披散著長髮的男人」。這是因為詩人想要追求自由自在，乃至完全解放的人生，完全走自己的路，不受任何因素左右或影響，完全的我行我素，披散著長髮的男人正合這樣的形像要求。在詩人不少作品都呈現這樣的形像，如「我就是我／我永遠是我……」。（註③）詩人一直找機會要解放自己，「我是一匹無韁的野馬／愛怎樣就怎樣，要去哪裡就去哪裡……」。（註④）披散著長髮的男人就是一種自我解放的形像。

〈腳印・踩在沙灘上〉有個重要的核心意象，「浪潮又湧上來／把他的腳印淹沒掉／待潮水退去／腳印已消失／他再次用力踩了下去……他再次提起腳／用力地踩下去……」如此一再重覆，日夜不停，和薛西弗斯一樣重複著「荒謬」的動作。這不是「許其正版的薛西弗斯神話」，這是什麼？另一首〈玩沙者〉讓人驚恐，非常的「存在主義」。（註⑤）

你看，那個人
在海邊沙灘上
玩著細沙

他用雙手捧起細沙
讓細沙從指縫間漏下
然後，又捧起細沙……
他一次一次重複著……

後來，奇蹟出現了：
從手開始，以至全身
他先是起了皺紋
然後長出老人斑
終至腐朽崩壞
散落沙灘上
碎成細沙……

人一出生就是要邁向死亡，終歸沙土。這是存在主義最直白、真實而殘酷的「真言」，最叫人驚恐，如〈玩沙者〉最後的意象（結局）。卡繆有一名言，「一個荒謬的人愛人類，愛生命；他的領域便是時間，他的敵人便是死亡。」這句看似晦澀的話，正確解讀是指儘量延續時間，儘量竭盡生命。他把時間比喻為一根黑白交間的繩子，白線是白晝，黑線是黑夜，編織出繩子的長度就是我們的人生，我們要儘量延長它，截斷點便是此生，便是死亡。死亡是終結，什麼都不存在了！

存在主義曾在台灣流行，曾有年輕人誤解存在主義而去自殺，這是民國五十七年北一女一個叫首仙仙的女孩，讀了一些存在主義作品和小說，如王尚義《野鴿子的黃昏》，人生觀一片灰色、迷惘，因而自殺。（註⑥）

〈玩沙者〉完全呈現了存在主義的意象，荒謬的人做著荒謬的事，也和薛西弗斯一模一樣的行為，都是「荒謬的創作」（《薛西弗斯的神話》第三章）。我們為了不使人生太荒謬，我們向荒謬大師卡繆和薛西弗斯學習，上帝和諸神已死，人才是自己的主宰，「他的命運屬於自己，那巨石為他所有」。巨石本身就是一個世界，奮鬥的過程足以使人心充實，明白自己是一生的主宰。在詩人〈噴泉〉一詩，再呈現薛西弗斯意象，以及卡繆「竭盡生命、積極生活、擁抱世界」的「荒謬創作」。（註⑦）

拋撒一把上去，又拋撒一把上去……

是誰在往上拋撒的呢
他竟然有那麼奇妙的神力
那一把把白色的細石子
經他往上一拋撒
就綻開成了一叢叢白色小花
一叢叢純潔，一叢叢美

生命呀，升騰吧
生命呀，激盪吧
那一把把白色的細石子
是一叢叢最白色小花
一叢叢純潔，一叢叢美
持續不斷地綻放在空中

是誰往上拋撒的呢
他竟然有那麼奇妙的神力

拋撒一把上去，又拋撒一把上去……

從〈腳印．踩在沙灘上〉、〈玩沙者〉和〈噴泉〉三首詩，我發現詩人不僅善於「造境」，也善於擴張意象，把意義單純的行為（現象），讓意義擴張到極限，乃至無限。就如這首〈噴泉〉，是平常的風景，到處都可以看見，詩人並非特地去看某處的「噴泉」才創作、寫詩；而是先有一種情境，深感生命只有創作和提昇，永恆不止的創作和提昇，最常見的「噴泉形像」可以請他「物語」，一種借物說話以表達自己的生命情懷。

這客觀的景物「噴泉」和詩人主觀的信念結合，立即再次激發詩人向前、向上進取的動力。詩人在快速轉念中「生命呀，升騰吧／生命呀，激盪吧／那一把把白色的細石子／是一叢叢白色小花／一叢叢純潔，一叢叢美……」生命的意義就在其中，若詩人不積極向上進取，那噴泉就只是噴泉，沒有別的意義。

「噴泉」的行為也和薛西弗斯推石上山一樣，掉下來又拋上去，不斷重複著荒謬的

動作，即是一再宣示「儘量竭盡生命」，生命的意義就在這過程中，別無意義。他的一首〈山路〉也最能表現詩人的人生路。（註⑧）

像一條粗繩
盤曲復盤曲
蜿蜒復蜿蜒
節節攀升……

節節攀升，穿越過
明湖、清潭、山澗……
深谷、危崖、峭壁……
叢林、美景……

越往高處
越是崎嶇

越是狹窄
越是天風猛烈
越是人蹟稀少……

節節攀升，深入
霧裡
雲裡
蜿蜒復蜿蜒
盤曲復盤曲

〈山路〉沒有薛西弗斯荒謬的行為，同樣有積極熱情的活力，卻最能描寫詩人一生奮鬥的「心路」情境。選擇堅持「田園詩人」一途，就像在走一條愈來愈狹窄的山路，其實大部分人的人生路皆如是，愈向金字塔上層攀爬，競爭愈猛烈，位置愈來愈少，受到的攻擊、風險必然多。不論那一行，想在高處佔得一席之地，擁有一點話語權，都是很困難的，何況要攀上珠穆朗瑪峰，定如登天之難啊！沒有堅定而「荒謬」的決心，哪裡能支撐下去，想必在山腰處就「陣亡」了。

〈山路〉第一段先呈現人生路的意象，第二段比喻人生路會碰上的各種困局，第三段是高處情境，「蹟」應是「跡」才對。最後一段，登到雲霧裡，表示路途在茫茫之中，人生路遙遙無期，雖說人人遲早走到終站，但沒有人知道終點在那裡？

人生如此的荒謬，竟然非得把巨石推上山頂，不斷的重複推，雖有堅定的信念，執著的心志，動能要從何而來？人生要積極進取，便如攀登一條狹窄的「山路」，也須要動能，這些動能從何而來？就是不要薛西弗斯吧！詩人堅定不移「走自己的路」也要動能，否則那能堅持五十年，不忘初心，不改其志。〈雪中有火〉一詩，是詩人用之不盡的「太陽能」。（註⑨）

別儘在那裡顫抖喊冷
冷固然是雪的顏色
但火能予以燃燒成紅色
軀動熱力去化解一切懦弱

每個人心中都有燃燒著的意志
那是熾熱旺燃的青春之火
它能將眼淚綻開成花朵
騎著長了翅膀的夢飛翔

雖然熱力或會隨歲月而遞減
只要有愛這源源不絕的燃料
力量之火便永遠不會熄滅
而且可能越燒越旺，越燒越旺……

確實，愛是人類源源不絕的燃料，是用之不盡的太陽能。是故，小愛只有少量的能源，大愛則有大量的能源，巨大的愛定會產生巨大的能源，成為進取所需的所有動力來源。只要有愛，「力量之火便永遠不會熄滅／而且可能越燒越旺，越燒越旺……」薛西弗斯也好許其正也罷，要堅持一輩子走一條孤獨又極高難度的路，除了「荒謬的堅持」，難道不須要有一種大的愛嗎？薛西弗斯給自己下了人生總結是「一切皆善」，一切皆善即大愛，田園詩人許其正應如是。

本文不過捕提到薛西弗斯和許其正的共同意象，也是他們的「共相」，試加申論，期能深入詩人作品之秘境。在《金剛經》〈如理實見分第五〉，有一段佛陀和須菩提的對話。

「須菩提！於意云何？可以身相見如來不？」「不也，世尊！不可以身相得見如來。何以故？如來所說身相，即非身相。」佛告須菩提：「凡所有相，皆是虛妄。若見諸相非相，即見如來。」

另在〈離相寂滅分第十四〉佛陀有一段開示：

是故須菩提！菩薩應離一切相，發阿耨多羅三藐三菩提心，不應住色生心，不應住聲香味觸法生心，應生無所住心，若心有住，即為非住……如來說一切諸相即是非相，又說一切眾生即非眾生。（註⑩）

這兩段經文趣者可自行深入理解，但我相信薛西弗斯沒有讀過《金剛經》，他若讀過就不推巨石上山了，世間就沒有「荒謬的神話」。沒有薛西弗斯，沒有荒謬神話，我深信，許其正仍是最純粹的「田園詩人」。

註釋

①國內譯本可見張漢良譯，卡繆著，《薛西弗斯的神話》（Le Mythe de Sisphe）（台北：志文出版社，民國六十六年元月）。文內照片取自該書。

②許其正，〈腳印・踩在沙灘上〉，《盛開的詩花－許其正中英對照詩選》（重慶：環球文化出版社，二〇一二年五月），頁一〇二－一〇五。

③見〈胎記〉一詩，同註②書，頁九八－九九。

④見〈擺脫鎖鏈〉一詩，同註②書，頁二九八－二九九。

⑤許其正，〈玩沙者〉，同註②書，頁一〇六－一〇七。

⑥我從國小就有寫日記習慣，「首仙仙事件」給當時同齡孩的印象很深刻，我的日記在民國五十七年十二月十二日記錄此事，當時我讀高一，並寫了自己的感想。若有趣者要查當時國內各報，相信不難查證。

⑦許其正，〈噴泉〉，同註②書，頁一〇八－一〇九。
⑧許其正，〈山路〉，同註②書，頁一一八－一一九。
⑨許其正，〈雪中有火〉，同註②書，頁三五八－三五九。
⑩以上經文，均見《金剛經》。

第四章　詩人的形像、打敗時光的詩人

佛法常言「一花一世界、一葉一如來」，這表示世間每個人乃至一切物種，都有不同形像。詩壇上當然也是，只是名氣愈大的，形像愈是鮮明，尤其到了公認大師或準大師等級，形像便如「國旗」或「黨旗」，詩壇上眾人皆知，無人不曉。例如，大家知曉的余光中、羅門、張默、痖弦、洛夫、陳千武、文曉村、涂靜怡……相信只要詩壇中人，對他們的形像都有一定的認識，因其詩品的風格使然，讀其作品立即連接到作者的形像，說出一堆他的故事，甚至有趣八卦或傳奇！

但詩壇是極為寡眾的小社會，絕大多數詩人以詩社為「國籍」，自成一個「微型國度」，「國際」上也沒有「聯合國」這樣的組織。以目前常見的詩社，如《創世紀》、《秋水》、《乾坤》、《葡萄園》、《掌門》、《笠》、《海星》，乃至成立才兩年的《華文現代詩》等，也都各有一小圈圈詩人，詩社有詩社的形像和風格，該國內的詩人當然也是，就算小小詩人也有不一樣的形像。

田園詩人許其正形像是什麼？形像可以從不同視角看，不同視角看到的可能不同，整體而言，「田園詩人」就是他的形像。再者，他是一個人自成一國、獨來獨往的詩人，從本書末的年表看，他這輩子在《華文現代詩》之前，未曾加入任何詩社。這也不意外，在他眾多的詩作中，他有經常性的宣示：「一個人，走自己的路／走自己的路／自己獨自一個人……再苦都不怕／再孤獨也無所謂／自己一個人走自己的路……」。（註①）因此，「孤狼詩人」也可以說是他的形像。

但本文研究詩人的形像，要從詩人作品中選擇有代表性的，特別針對詩意象鮮明又能契合詩人性格，這是特別鮮明、突出的形像，而不是一般形像。這樣的形像較有代表性，鑑識度也較高，如這首六段六十一行的〈山〉代表性最高。（註②）

山，沉默的山
蘊足以融化南極最大冰海的熱情
而顯堅毅與冷靜於外
化熱情為靈，隨風而去
去向遠方
播予虛無，播予理想

山無言
默坐，如禪中的佛
啊，山就是山

頂著藍天，頂著白雲，頂著星
山，沉默的山
山，青翠而雄壯的山
牢牢地把握住自我
任四季從背脊奔流而過
兀自唱著自己的歌，以山瀑
風雨雪雹搖不動山
利欲利欲不了山
冷暖冷暖不了山
山倔強地喃喃：
「我就是這麼樣子。」

這麼樣子就是山

山，沉默的山
不是傳奇
是平凡中的平凡
山是一，是白
而一是萬有，白是千彩
不須人工的修飾
山永遠美
—自然的美，原始的美

走入山
山展現出曠野，展現出無窮
沒有人能走遍山或了解山
山是萬有，山是宇宙

山中有千頃波濤
山中有萬家燈火
山中有大千世界

山是萬有，山是宇宙
草木生焉，鳥獸棲焉
泉水出焉，寶藏藏焉
山，默坐如禪中的佛
任誰來，任誰去，任誰採
誰來山也不多喜
誰去山也不加悲
誰採山也不見少
誰也採不去山
啊，山，無為的山
山，豐富而雄壯的山

山，沉默的山
山，青翠而雄壯的山
蘊足以融化南極最大冰海的熱情
而顯堅毅與冷靜於外
頂著藍天，頂著白雲，頂著星
時時沉思
沉思善，沉思生命
化熱情為靈，隨風而去
去向遠方
播予虛無，播予理想
啊，山，沉默的山
山，永恒的山
默坐無言，如禪中的佛
啊，山就是山

這是一首詩人以「山」為自我比喻的作品，把作品裡的山全部改成「許其正」或「我」都可讀得通。例如「利欲利欲不了我／冷暖冷暖不了我……」就清楚了，只是太直白有違詩的含蓄。通常詩宜避開直接明說，有些委婉，留下想像空間，讓人尋味，才是佳品。

〈山〉一詩分六段，可謂從形式和內涵上詩述山的六種形像、特質和性格。第一段是起首，針對全詩的概述，指出山是一個無言而內心堅毅的人，熱情、理想、堅定而又沉默，正是詩人自己的寫照。

第二段是山的情操，山是個頂天立地的人，「頂著藍天，頂著白雲，頂著星」；山也是飽讀孔孟詩書的人，威武不能屈，利欲不能誘，並向世人宣告：「我就是這麼樣子／這麼樣子就是山」。筆者不得不五體投地，說一聲，許哥，可敬！可佩！

第三段就如禪宗論人生的第三階段（見山是山↓見山不是山↓見山又是山），領悟到人生的本來面目，原來一切都是那麼平凡、自然，本來如是。就像《心經》曰：「不生不滅、不垢不淨、不增不減」，詩人原本如此，人也好作品也罷，應該是「自然的美，原始的美」最佳，而「田園」就是詩最美的家。

第四段體現山是眾生之一，眾生的存在都是因緣合和而成。所以，山雖孤獨，也知要廣結善緣，以開放的心讓大家「走入山／山展現出曠野，展現出無窮」，這是山的心胸，即詩人的心胸。讓大家看見山裡什麼都有，萬家燈火，大千世界！詩乃多意（義）語言，也可以解讀成詩人心中擁有一切。佛法常言「萬法唯心、三界唯識」，詩人有了悟力，便是自成完整宇宙體系。故詩人詩曰：「山是萬有，山是宇宙」。

第五段寫山的功能和修行。山的功能是育養眾生，「草木生焉，鳥獸棲焉／泉水出焉，寶藏藏焉」，人間所要能源亦從山而出。山如此偉大，卻不驕傲，依然自持修行，與人無爭，「誰來山也不多喜……」。此即吾國宋明理學所述「不以物喜、不以物悲」，這當然也是詩人處世哲學的詩說比喻。

第六段是個總結，先收束前面各段要旨，幾句簡短有力的結尾，「啊，山，沉默的山／山，永恒的山／默坐無言，如禪中的佛／啊，山就是山」，回到山原本的自然狀態。整首詩以山為比喻、比擬，運用相對聯想等詩的技巧，宣示詩人的形像、性格、人生哲學。此外，弦外尚有音，暗示或宣揚環保理念，要大家珍惜自然環境，不要動不動為經濟成長，就要「笨公移山」！

山乃田園不可少的景觀，無山之田園顯得缺少壯麗之美，故田園詩人愛山是很自然

的。吾國田園詩人無不寫山水，仁者智者皆愛山水。許其正另一首〈山不講話〉也是自繪像。（註③）

山不講話
山就是不講話

我從遠處招呼他
他不講話
我走前去親近他
他不講話
我大聲問他
他不講話
我氣得踹了他一下
他還是不講話
我只得失望地離開他

他還是不講話
我偏著頭
想了一下又一下
我終於想通了：
山最偉大！

這首詩呈現的意象、語意、弦外音等，可以有很多詮釋，是寫得極好的小品。最明顯之意，乃表現詩人寡言少語的性格，我所認識的許其正平時皆「沉默是金」。弦外之意，世人皆在廟（道場等）裡拜佛求神問事，那佛陀、觀音、媽祖等高坐在上，可曾一言？但受世人永恒的崇拜，所有錯定是「人」錯！絕非「神」錯！故眾神偉大，不言是偉大，此其一。

從一衍繹其二，言多必失，失則傷人；刀劍傷人，療傷得快，言語傷人，一輩子救不回來。故眾神無言，山乃智者，無言為妙。其三、言語和文字一樣，都充滿不確定性，這只要多注意很多「名人」講話或各國憲法，大多騙死人不償命，世人大多愚昧，大多被騙成了「應聲蟲」。詩人心中清楚明白，多言無益，〈山不講話〉，沉默有金多好！

詩人出生在屏東鄉下的農莊，生於田園長於田園，玩樂遊戲都在南部鄉村田園山野，所以詩人很多作品都寫南部農家風景。他在民國六十八年（四十歲），出版的散文集《夏蔭》，幾乎全是南部農村生活，如〈春耕〉、〈夏蔭〉、〈給螢火蟲〉、〈捉蟋蟀〉、〈西瓜季〉都是。（註④）所以，詩人的夢，詩人的鄉愁，俱在南部鄉下，〈南方的一顆星〉應該是詩人的自我期許。（註⑤）

在南方，在南方的天上
有一顆星，懸掛著
獨自閃爍著悅目的光芒

令人驚異的，令人讚嘆的
永遠不滅的，亙古常新的
這一顆星，多麼明亮

多麼明亮，這一顆星
光芒來自南方的天上
照耀向四面八方

照耀在南方綠色的草原上
照耀在南方蔚藍的大海上
照耀在南方質樸的人們身上

甚至照耀到世界的每一個角落
光芒柔和、溫婉、宜人
使各處，即使暗夜裡也有光明

使人們心中的恐懼袪除
使人們心中充滿舒適
在睡夢中，嘴邊也綻放微笑

哦，有一顆星，懸掛著
在南方，在南方的天上
獨自閃爍著悅目的光芒

平氣靜心賞讀這首七段二十一行詩，試問星星有詩中說的功能嗎？至少第五、六段是做不到的。所以，這首詩是借星言志，詩和詩人才有那些功能，如我們現在讀歷史上那些田園詩人作品。

第一段提示南方一顆星「獨自閃爍」，表示這顆星是孤獨的。也可以解釋南方只有一顆星，所以獨自閃爍，或其他星星都不亮、看不到，只有「南方這顆星」最亮，看起來就很孤獨。這顆星是誰？就是詩人自己。

第二段讚嘆這顆星，「永遠不滅的，亙古常新的」，實即讚嘆古今以來的不朽詩章和詩人，也可以是對自己的期許，希望有一天自己的詩也能永恆常新，成為傳頌後世的經典。

第三段再提示南方這顆星能照八方，照到第四段的草原、大海和質樸人們身上，再進化到第五段的功能開始有些神奇。能照耀世界每個角落，「光芒柔和、溫婉、宜人／使各處，即使暗夜裡也有光明」，世間什麼東西有此功能？金錢財寶、愛情美人……似乎沒有，除了詩人和他的詩品！

第六段讓詩成為鎮靜劑，成為一帖治心病的藥方，這都有可能。但很明顯，是詩人創作一輩子，如今算小有成就，所以「在睡夢中，嘴邊也綻放微笑」，各行各業皆是，做出成績睡著也笑！最後一段再宣示，「南方的一顆星」依然孤獨，走自己的路！

詩人善於比喻、比擬、物語（以物觀物、以物觀我），乃至達到「物化」境界。文學藝術上所謂的「物化」，指主體和客體的融合，達到合一的層次，物我合一或物我兩忘都是。特別注意並非八卦媒體說「物化女人」的物化。詩人眾多作品中，人與景物能融合，就是好詩條件之一。如這首〈梅花的畫像〉。（註⑥）

從一九三九年迢迢而來
經過千山萬水
忍受風霜雨雪
不畏崎嶇坎坷

我來到角板山上
和梅花一起照相

我站在梅花前方
兩相緊緊靠近
一按照相機按鈕
梅花便紛紛
把我的頭髮染成了
一片白　一片
堅定不屈　一片
崢嶸的山巒

這應該是一首「造境」之作，原因是全台灣找不到一個人，會千里迢迢，拔涉五十年到角板山看梅花，全世界也沒有，所以是造境寫意之作，這首詩才能讀出「物我融合」的境界。

許其正是一九三九年出生，所以第一句是詩人的出生起點，但他一出生就為了到角板山看梅花嗎？絕不可能，也說不通。所以第一段全都是「詩語言」，只是形容和寫意，五十多年孤獨行走，碰到很多風霜坎坷，有一天來到角板山和梅花照相，領悟梅花正是詩人的形像。

第二段「人」和「物」才開始有融合，詩人和梅花合體，「堅定不屈　一片／崢嶸的山巒」，梅花的畫像是詩人比喻自己的情操，當然也是詩人的畫像。詩人的形像也像〈筆〉。（註⑦）

筆要書寫
不能歪斜
不能倒下
更不能被折斷

筆要書寫
要挺立

要堅強挺立
如堅挺的山

筆要書寫
要嚴正地書寫
要無所畏懼地書寫
讓它的光芒永照人間……

這「筆」只是「代名詞」，代表詩人、作家、史官及任何拿筆書寫的人。現在到了「無筆時代」，則任何有「創作」能力的人都算，要以「筆」的形像，光明正大，公平正義，發揮良知良能，才是筆的精神。當然，詩人一生以「無所畏懼」的精神走自己的路，也正是形像如筆，始終如一。

〈筆〉三段，層次漸漸提昇。第一段是做為一支筆（一個詩人）的基本要求，「不能歪斜／不能倒下／更不能被折斷」，下筆要公正，不能受威脅而折腰（改變立場）。進而堅定立場，就事實來寫，即堅挺如山，這是一支「董狐之筆」，中國歷代史官大多有此精神。杜甫的詩被稱「詩史」，就是針對事實史事來寫。

〈筆〉第三段是最高境界，只是一種理想，古今中外做得到的人極少極少。「要無所畏懼地書寫／讓它的光芒永照人間」，當刀子架在脖子上，還能堅持正義立場者，佛法上叫「無畏施」，文天祥、岳飛、史可法、方孝儒等都是。他們是大無畏者，他們的精神光芒永照人間。

詩人許其正堅持五十餘年的「田園詩人」，他的精神在〈筆〉的第一、二段，並期許能做到第三段「無畏」境界，也是可敬。只是在現實世界裡，現代社會難以碰到這種機會，能以「筆」喻自己形像已是可敬可佩！

綜合以上〈山〉、〈山不講話〉、〈南方的一顆星〉、〈梅花的畫像〉、〈筆〉等，這些詩的形像和意象，詩人到底想要建立或追求什麼形像？我認為大約就是「永恆」二字。詩人如何追求永恆？不外用詩打敗時光，賞讀〈誰曾打敗過時光〉一詩。（註⑧）

誰曾打敗時光？
你嗎？你曾用
石頭、刀、槍甚至最先進的核彈

企圖打敗時光嗎？
但是，結果呢？成功了嗎？

誰曾打敗過時光？
時光手無寸鐵
它卻輕易地打敗你，打敗萬物
令你和萬物一起滿臉皺紋
令你和萬物一起衰頹、腐朽

誰曾打敗過時光？
歷代君王如秦始皇等
他們曾企圖打敗時光，永生不死
但是，最後呢？
他們不是和萬物同朽了嗎？

誰曾打敗過時光呢？
你是清楚看到了
用什麼力量都沒辦法
用什麼武器都沒辦法
用什麼藥物都沒辦法

誰曾打敗過時光？
告訴你，我看見了
只有他，只有他
用柔軟如水的文字打敗過時光
只有他—詩人

這首詩淺白易懂，意義無窮，發人深省，醍醐灌頂。揭示只有創作可以傳世的經典詩篇，當一個夠稱偉大的詩人，才能打敗時光，成為永恆。另一意涵是指出文化事業才是永久的，因為人類文化全部依靠文字記錄，沒有文字（或文字不易流通，如少數民族文字），很快被時光打敗，灰飛煙滅！

追求永恆，是所有有積極作為的詩人（包含有積極作為的各種藝術創作者），我相信都在日夜苦思，想要創作出可以打敗時光、可以傳世永恆的經典作品。毫無疑問的，我所認識的許其正（私下我常叫他許公），就是這樣的詩人，從年輕走來，從不忘初心，勇往直前。

很多人以為「永恒」，打敗時光只是詩語言，或只是「神話」。其實，就事論事，吾國先聖先賢勉人的三不朽（立德、立言、立功）正是永恆。所以，古今中外，凡能在人生過程中完成此三不朽（或其一），就可以打敗時光，進入「永生不死」的永恒境界。如孔孟李杜、秦皇漢武等，西方拜倫、拿破崙，乃至前文提到的卡繆等，都算打敗時光，進入永恒的境界。

但「三不朽」並非「永恆中最永恆的」，因為人類文明是「有限」的，尤其科學家證實「第六次大滅絕」已成不可逆之勢。當這期地球文明滅亡、結束，「三不朽」也同時「打烊」，灰飛煙滅！

真正「永恆中最永恆的」，是佛教所提到《阿彌陀經》裡的淨土世界，這裡才是真永恆，現代量子力學已證實其存在（如剪報）。《阿彌陀經》有經文曰：（註⑨）

佛告長老舍利弗：「從是西方，過十萬億佛土，有世界名曰極樂。其土有佛，號阿彌陀，今現在說法。舍利弗！彼土何故名爲極樂？其國眾生，無有眾苦，但受諸樂，故名極樂……彼佛壽命及其人民，無量無邊阿僧祇劫，故名阿彌陀……舍利弗！當知我於五濁惡世，行此難事，得阿耨多羅三藐三菩提，爲一切世間說此難信之法，是爲甚難！」

西方淨土是永恆的，人到彼國不受時間空間限制，成為永恆的存在。但因人類生活在四維時空世界，我們所見、所觸、所覺等，完全受限在四維時空內，很難相信淨土世界真的存在！所以

量子力學 證實彌陀淨土真存在

潘宗光教授出提出 人類意識影響宇宙 沒有意識沒有真實的世界 佛法與科學全無抵觸

2016.11.24. 人間福報

法門的真實。

圖／取自網路

【本報綜合報導】曾獲得諾貝爾獎提名、香港理工大學榮休校長潘宗光教授表示，能否接受淨土法門，在於信心問題，他身爲佛教徒亦是科學家，嘗試從所掌握的最新科學知識，去探討大眾對淨土的四大疑點。

此篇潘宗光在出席十七日至二十日在西安國際會議中心舉行的「漢傳佛教祖庭文化國家學術研討會」上，所提出的〈淨土法門的科學觀〉主題論文。

淨土真的是阿彌陀佛從零創建出來？真的那麼殊勝？

現在一門非常熱門的科學話題，是人類意識與宇宙的關係。宇宙不是獨立客觀的存在，而是會受到人類意識所影響；沒有生命，沒有意識，便沒有真實的世界。這類思惟主要是根據「量子力學」的理論。

意識是一種能量，它有自己的振動頻率。當意識能量強大的時候，它可以引起宇宙其他事物（能量），尤其是與它有糾纏關係的事物，產生共鳴。共同願望的強烈群體意識，影響更大。

阿彌陀佛經過漫長的修行歷程，累積了難以量計的功德，其意識和願力是無可量計的強大。故此，他從零開始建立一個理想世界是完全有可能的，並不違背現代的科學理論。

《阿彌陀經》說「是諸眾鳥，皆是阿彌陀佛，欲令法音宣流，變化所作。」佛陀清楚指出阿彌陀佛可以從零變化出種種奇妙雜色之鳥，加上諸大菩薩及大眾人不停往生到極樂世界，共同的意識及願力會愈來愈強大。美好意識結集，極樂世界不斷地變得更殊勝。

淨土不停接引十方世界一切眾生，淨土可容納那麼多眾生？

我們生活在四維時空的世界，我們看到、摸到及感覺到的，都是在四維時空內，我們的思惟也被這四維時空所局

如說我們地球看起來很龐大，但從整個宇宙來看地球只像微塵一般的渺小。同一原理，我們看一粒微塵，如果將它放大來看，也是一個世界。

現在很多科學家相信宇宙超越三維空間，從數學觀點來看，宇宙每一點都可以有九維空間，即長、寬、高及六維互相捲曲的微小空間。所以，每一個小點，看上去是微塵，其實每一點都可能有自己的多維時空，多維時空可容納各類適當眾生的數量，不可思議。

阿彌陀佛不停的在擴大極樂淨土及善用這多維空間，亦不違背現代的科學理論。

單念阿彌陀佛名號，就可以往生嗎？

電視機如何收看到某電視台？電視台將畫面和聲音，轉化爲在某一特定頻率規限內的能量，播放在空氣中。只要調校電視機的接收頻率與某電視台的頻率接軌，便能接收到該電視台的訊息。

假設極樂世界是一個超級電視台，阿彌陀佛的無邊能量，穿越時空，到我們的地球，能量的頻率就是「阿彌陀佛」四字聲音。聲音是一種能量，我們念阿彌陀佛時，便能與這極樂世界能量接軌，產生感應。

稱念一句阿彌陀佛，就在潛意識或佛教的第八識種下一粒種子。多念，就加大自己的接收能力。到臨終時，儲存在第八識的阿彌陀佛接收種子，便會與空間裡的阿彌陀佛產生感應，幫助我們到西方極樂淨土。

又如需要以密碼開啟保險箱，密碼可以是一組數字或聲音，念「阿彌陀佛」就可被視爲打開通往極樂世界的密碼。

淨土離開我們有十萬億佛土，可以去到嗎？

從我們的角度，無論坐多快的交通工具都去不到，但愛因斯坦指出，時間與空間是人的錯誤理解，例如，空間可以被扭曲。愛因斯坦提出Einstein-Rosen bridge（ER橋），而惠勒稱之爲「蟲洞」（Wormhole），可穿越時空，拉近及連接時空相隔甚遠的兩點。

透過量子糾纏的關係，意識的傳遞亦可以超越時空。往生淨土的基本要求是：「信、願、行」具足。從科學角度理解：「信」是極度的專注，「願」是強烈的動機，這樣「行」的念佛意識便很強大，更容易穿越時空與有關的能量場產生感應。

現代科學對宇宙的理解，愈來愈接近佛陀的教法，淨土法門看似迷信，但與

佛陀才說是「難信之法」，只有超越大智慧者才信其真有，還要有「信、願、行」才能到達彼國。大科學家愛因斯坦說：「人類所見的時間、空間和物質，都是假相。」（註⑩）等於證明佛經如《金剛經》等許多的說法，佛言果然真實不假。

本文旨在研究並賞析許其正諸多詩品中，從作品檢視詩人的形像，觀其一生數十年不減創作動力，到底所為之宗旨何在？最鮮明的形像是什麼？從本文所舉詩章研析，原來詩人始終在創造和追求永恆，打敗時光，能出傳世永恆的作品。按我前面兩種不同永恆境界，第一種的三不朽中，他的詩品有成為「立言」的條件，但未來仍須通過「時間判官」的裁決！

第二種淨土世界的永恆，許其正應是佛教信仰者（看第十七章），不知其「信、願、行」修為如何？至少他是親近佛法的。加上他一生堅持「真善美」的田園詩人之路，他的大未來，在淨土世界取得「永恆生命」，大大的有機會！

註釋

①見許其正，〈走自己的路〉，《盛開的詩花：許其正中英對照詩選》（重慶：環球文化出版社，

二〇一二年五月），頁三五六－三五七。

②許其正，〈山〉，同註①書，頁一二〇－一二三。

③許其正，〈山不講話〉，同註①書，頁一二四－一二五。

④許其正，《夏蔭－許其正散文自選集》（屏東：自印，民國六十八年八月一日）。

⑤許其正，〈南方的一顆星〉，同註①書，頁一六八－一六九。

⑥許其正，〈梅花的畫像〉，《Stepping》（New Delhi, India, Authorspress，二〇一六），P. 89。

⑦許其正，〈筆〉，同註⑥書，頁一二二－一二三。

⑧許其正，〈誰曾打敗過時光〉，同註①書，頁一七二－一七三。

⑨可見佛經《阿彌陀經》。

⑩愛因斯坦確實說過這句話，趣者可自行詳閱其傳，不難查證。

第五章　田園在呼喚，與大自然對話

似乎世界上各文明自古以來，都有「世風日下」的感嘆！吾國亦是。吾常思索，人類文明文化風氣習俗等，從幾千年前就開始式微，至今豈不成了「禽獸社會」，此乃「退化論」，怎麼說社會是「進化論」？

但打開時空的「蟲洞」，我聽見吾國四千年前的先民們，就在田園裡大唱「式微」。《詩經》〈邶風〉篇：「式微式微，胡不歸？」到底感嘆什麼式微了？反正是愈來愈差吧！同是山水田園詩人的王維，也嘆式微！賞讀王維〈渭川田家〉。（註①）

斜光照墟落，窮巷牛羊歸。
野老念牧童，倚杖候荊扉。
雉雊麥苗秀，蠶眠桑葉稀。
田夫荷鋤立，相見語依依。
即此羨閒逸，悵然吟式微。

在許其正眾多田園詩品中，多的是像王維這首農家生活圖畫。夕陽照在村墟籬落間，窮巷裡，牛羊正歸來。村裡的老人家掛念著牧童，拄著枴杖在柴門邊等候。

青雉叫，正是麥子開花的季節，蠶兒蛻皮，桑葉也稀少了，農夫們荷鋤站著，相見時相互交談，彷彿捨不得離開的樣子。

眼前這景象，怎能不羨慕田家閒逸的生活，不禁悵然地吟起〈式微〉的詩句來。

王維僅用白描手法，詩寫渭川農家日暮時的情景，宛如一幅鄉村寧靜美景，只是作者有些感傷，感於世道衰微，有歸隱的念頭。這其實是常討論過的，社會動亂，天下不安時，文人心向老莊田園，所述世道衰微，也是一種不滿情緒的釋放，或更撤底的解放。

但在許其正的田園詩章裡，看不到如古代田園詩人「世道衰微」的感嘆，從反面解釋，可以說他「歸隱」田園並非世道衰不衰的問題，而是他的「天命」。他的可貴處，在於他的作品裡，找不到「負面情緒」。他在《盛開的詩花》序這樣說：「我寫作一直以人道為基點，『多寫鄉土、田園、大自然，歌頌人生的光明面，勉人奮發向上』，有益於世道人生。」（註②）。因此，多讀許其正的作品，可以抗衡外界不安的社會八卦，可以「防衛」現代「末世」思想的侵略，改變被存在主義塗成的灰色人生，成為如田園美景般的彩色人生。賞讀〈果樹園的呼喚〉。（註③）

彩門已經敞開，進來吧
我是南方一成年了的果樹園
用南方特有的溫馨的語言呼喚你
進來吧，請你進來這裡

進來吧，請你進來這裡
假如你覺得燠熱、疲倦
那麼，請你進來吧
進來靠著樹幹坐在果樹下
和碧茵分啖樹蔭的層層清涼
和繁美的睡夢作一次長長的促膝密談
進來吧，請你進來這裡

進來吧，請你進來這裡
進來讓鳥語從果樹的枝葉間滴下
然後輕輕地敲響你的耳鼓
讓那些不快和憂傷離你遠去
讓美音的世界把喜悦奉獻給你
進來吧，請你進來這裡

進來吧，請你進來這裡
進來把雙腳輕放在果樹的枝椏上
隨意伸手採取果實放進嘴裡
讓甜蜜和清香搖響你的全身
讓微風吮乾你額頭上的汗珠，砌起微笑
進來吧，請你進來這裡

進來吧，請你進來這裡
假如你有一位可愛的情人
那麼，請你進來這裡
進來漫步在果樹園間的小徑上
和你的情人齊把情歌的腳印印下
和你的情人共同醉飲醇美的愛之蜜汁
進來吧，請你進來這裡

彩門已經敞開，進來吧
我是南方一成年了的果樹園
用南方特有的溫馨的語言呼喚你
進來吧，請你進來這裡

這首詩充份體現許其正創作一貫風格，使用最簡易、自然字詞，白話口語，可謂「婦孺都曉」（如白居易，實用易懂，易於流通）。就這部分，許其正和白居易作品的共通處，是平白易懂流通的很廣。白詩在日本、高麗、契丹，都有傳鈔販賣他的作品，論傳佈幅度之廣，少有能超過白詩者；而許詩，如今也流通在不少的國家。

許詩雖白話易懂，詩語言卻極為豐富。例如「我是南方一成年了的果樹園」，用成年了把果樹園擬人化，語意豐富又可愛，好像少男少女成年了，邀請大家同樂，分享他們的喜悅。

「和碧茵分啖樹蔭的層層清涼／和繁美的睡夢作一次長長的促膝密談」。這裡，「碧茵」和「睡夢」化成兩個人，一個陪你享用美食（樹蔭的層層清涼），一個陪你聊心中的秘密。

「進來讓鳥語從果樹的枝葉間滴下／然後輕輕地敲響你的耳鼓」。這裡用了現代詩高明的手法「移覺」，把人的各種感覺系統（視、聽、嗅、味、觸覺），相互移轉，呈現變化，產生新鮮感，現代詩甚為常用。如洛夫「伸手抓起／竟是一把鳥聲」，馮青「兩岸的燈火也濕了」，都成現代詩名句。許其正這首「鳥語」本是聽覺，從枝葉間「滴下」成觸覺，且「滴下」使鳥語有了重量，是很新鮮的創句。接著，鳥語又從觸覺回歸聽覺（敲響你的耳鼓），讓詩語言產生新的變化。

「讓甜蜜和清香搖響你的全身」，這句使用移覺產生很大的動力，「甜蜜」和「清香」都是味覺，竟能「搖響」你的全身，砌起微笑，是不是很神奇！

最後，有這麼美好的果樹園為何不請你的情人也來享用呢？可以讓人得到身心靈的喜悅。請進來吧！「**和你的情人齊把情歌的腳印印下／和你的情人共同醉飲醇美的愛之蜜汁**」，成年的果樹園在呼喚你！

整體賞析果樹園詩，是一首樂觀、積極、熱情、正面的詩作，可以是一帖良藥，讓人遠離憂傷，改變灰色黑白，成為彩色的人生。

再者，這是一首展現田野果園之美的作品，由於現代化的過度開發，鄉村似在消失中。我們許多人已忘了大自然的長像。讀這首詩可以吸引我們重回自然田野的樂趣，重溫童年的舊夢，「**進來把雙腳輕放在果樹的枝椏上／隨意伸手採取果實放進嘴裡**」，多麼自然的句子。司空圖在《二十四詩品》說「自然」，即「俯拾即是、不取諸鄰」，許其正的詩品內涵意象等，均不須遠求，就在田野、草地、牛羊身上，隨手拈來，就是「俱道適往，著手成春；如逢花開，如瞻歲新。」。（註④）我讀許公作品愈多愈深，愈覺得他就是「大自然的代言人」。賞讀他另一首〈投向大自然的懷抱〉。（註⑤）

投向大自然的懷抱吧！

它們正張開雙手，迎接著我們
它們會給我們更多
活力、智慧和快樂

以深深淺淺的綠意
以清清涼涼的涼蔭
以累累垂掛的果實
那些眾草和群樹
正張開雙手，迎接著我們

以繽紛的色彩
以悅人的笑臉
以迷人的香氣
那些美麗的花朵
正張開雙手，迎接著我們

以輕盈的飛翔
以翩翩的舞蹈
以活潑的姿影
那些蝴蝶、蜻蜓和鳥類
正張開雙手，迎接著我們

以悅耳動聽的歌曲
以叩人心弦的交響
以平息戾氣的天籟
那些蟋蟀、青蛙及其他鳴蟲
正張開雙手，迎接著我們

正張開雙手，迎接著我們
甚至那些土地，以其寬容

甚至那些石頭，以其沉默
甚至那些溪流，以其清澈
甚至那些山脈，以其雄偉
甚至那些海洋，以其壯闊
甚至那些陽光，以其燦亮
甚至那些和風，以其和煦
甚至那些雨水，以其滋潤
甚至那些蒼穹，以其蔚藍……

投向大自然的懷抱吧！
它們正張開雙手，迎接著我們
它們會給我們更多
活力、智慧和快樂

這又是一首把大自然一切角色全部喚醒，擬人對話的自然田園作品，結構嚴謹，層層開展。中間四段以固定各五行的整齊形式，向邀請的「客戶」，說明投向大自然可以得到多少「好處」。很多人說詩人不懂商品行銷，這首詩卻頗有行銷概念，無形中增強了人們想要投向大自然的誘因。這種能夠產生「人」與「物」的互動，主觀世界和客觀世界能夠交流對話，就絕對是一首好詩。吾人常言，詩要能與讀者有共鳴，共鳴即由交流、互動而出現；無交流、互動、對話，就沒有共鳴，簡單如是。

第一段先打出強而有力的「廣告」簡說，告訴客戶（讀者），投向大自然的擁抱，「**它們會給我們更多**」。人性心裡皆如是，有更多好處，有吃有喝又有拿，人潮就來了，人潮來錢潮亦來，這是商品行銷的基本功課。詩人運用了這個行銷概念，告訴大家會得到更多，還會得到活力、智慧和快樂。

第二段開始，是「商品介紹」，眾草和群樹首先推出「**深深淺淺的綠意／清清涼涼的涼蔭／累累垂掛的果實**」，這真是太迷人了！不要可惜啊！而且眾草群樹張開雙手迎接我們，這份情意多感人！

接著是山野田園各樣美麗的花朵們，推出「人氣商品」是，「**繽紛的色彩／悅人的笑臉／迷人的香氣**」。啊！打出了「美女牌」，人說「女人是動物界的花，花是植物界的女人」，果然沒錯。此刻，是眾美女正張開雙手迎接我們，不能不去啊！

接下來，蝴蝶、蜻蜓和眾鳥，聯合發表它們的「雲門舞展」，「輕盈的飛翔／翩翩的舞蹈／活潑的姿影」。有這麼高水準的舞展，就算花銀子買票也要去看。何況，它們張開雙手迎接我們。

大自然接連不斷推出「黃金商品」，現在是蟋蟀、青蛙和各種鳴蟲，聯合演出「天籟之音」，各種曲目任君選擇，「悅耳動聽的歌曲／叩人心弦的交響／平息戾氣的天籟」。這些曲目我小時候天天聽，現在它們邀請，再聽，百聽不厭！

以上四大種類「商品」，不過是例舉。原來大自然的寶藏真是何其多！投向大自然的懷抱吧！土地以寬容、陽光以燦亮、蒼穹以蔚藍……無數的「商品」，無數的好處，都歡迎大家「去取去拿」。活力、智慧和快樂，這才是人生最佳所得，最大財寶和法寶啊！

這首詩做為朗誦詩，活潑、輕快，節奏宜人。尤其詞句涵富童趣，做童詩朗讀，或由「故事媽媽」以「故事詩」讀給小朋友聽，或小朋友演「詩劇」都很合適。所以，這是一首「多功能詩」。

田園詩要寫到如此鮮活，詩人要有極佳的想像力。所謂「想像力是詩人的點金棒」，能使大自然的山河大地、天空海洋，都活起來，跳起來，說著人話，這要想像力的工夫。

如〈看海〉。（註⑥）

當我來到海邊，眺向海天
我的兩眼視覺，驟然凝成了兩顆圓滾的彈丸
以超光速的速度，電射而出，沒入海天的深處
船行海天，藍成海天……

隨著時間的遞嬗
它們竟然被海和天幻化噴灑成各種各樣的
花　以及
蝴蝶
霞　以及
火焰

直到它們被釀造成了一甕甕醇酒、一瓶瓶蜂蜜

我才一步一回首地
離開，攜回，置放心靈深處
慢嚼細味……

相信很多人知道愛因斯坦有個「宇宙公式」：$E=MC^2$。他曾用一句話來解釋這個公式，「世人所見時間、空間和物質，都是假相。」（註⑦）相信懂的不多，或者好好讀《金剛經》，也可以和愛因斯坦所述相互印證，對於宇宙、世界之「真相」，定有「頓悟性」的理解。

為何〈看海〉一詩，要提愛因斯坦理論和《金剛經》，其中有相同的想像力和科學思維。按《金剛經》言，說微塵，即非微塵，是名微塵；說世界，即非世界，是名世界……按愛因斯坦理論，說物質，即非物質，是名物質（是能量）；說時間，即非時間，是名時間（是速度）。想像力不是瞎掰、不是吹牛比賽，詩依然有科學觀的詮釋才是好詩。

〈看海〉一詩的核心意象是「看海」海天海景海浪行船……都和海有關。但詩中的花、蝴蝶、火焰、醇酒、蜂蜜，都和海無關，經由詩人以海和天幻化而去，成為一首「神奇感」十足的詩。讓這首詩有《金剛經》和愛因斯坦時空理論的情境，這是這首詩所呈現十分神奇的境界。詩人必須能「思接千載」「天地與我並生、萬物與我齊一」，才能創造出哲學和美學共有的境界。賞讀另一首也很有境界的詩，〈詩滿田園〉。（註⑧）

詩是綠色的
詩是白色的
詩是紅色的
詩是黃色的

那些是草和樹
那些是花和果
那些是白鷗和蝴蝶
那些是詩

啊，詩滿田園

是我寫的田園詩
我寫的田園詩
都是活的
都是純淨的
都是溫熱的
都是美的
總之，都是正面的

境界、浪漫和想像力，讓田園鮮活起來，是讀這首詩最先可以感受的情境。這詩裡的綠白紅黃，並非政治顏色，而是田園山野裡各種大自然的顏色，吾等小時候就在這多彩的自然顏色中遊戲成長，現在詩人又將這情境以詩化喚醒，喚醒的是我們共同的記憶和回憶。

在許其正《拾級》這本中英對照詩集，〈詩滿田園〉和〈田園詩散發〉像雙胞胎，前者純是大自然景物的喚醒，後者加上人物的喚醒，「田園詩散發／晶瑩的光芒／在那些農具、農人身上」。（註⑨）田園、鄉野、農村的一切，在許其正眼裡筆下，都是活的，都是詩。

所以他天生註定與大自然為伍，詩寫自然，呼喚田園，與田園相呼應，對大自然對話，傾聽大自然的心聲，真是天生的田園詩人。這是多麼孤獨寂寞的路，他在《盛開的詩花》序裡有這麼一段話：「這五十年來，台灣詩壇紛紛擾擾，有這個派那個派，許多人合縱連橫，各據山頭，我則不予理會，一直堅守『田園』，『走自己的路』，耕自己的地，播自己的種，培植自己的作物。」（註⑩）他有一首詩擁抱大自然的同時，對自己的「詩觀」有詮釋，對外界有批判。賞讀〈聽吟詩去〉（註⑪）

走！我們聽吟詩去

別以為只有那些所謂詩人寫的才是詩
詩是存在大自然裡的
不是人力所能製造的
在大自然裡的才是真正的詩

那些所謂大詩人所寫的不是詩
是他們自己私下製造出來的
夜鶯本來是詩被濟慈一寫便不是了
雲雀本來是詩被雪萊一寫便不是了
至如其他，就更不用說了

歷來有許多所謂的詩人
動輒以作秀為能事
集結許多臭味相投者
呼朋引伴，結黨組派，相互吹捧
或辦什麼大小活動
刻意造勢，以不正當手法博取詩名
標舉什麼主義，發佈宣言
從什麼浪漫主義、寫實派
到什麼現代派、抽象詩、圖象詩、達達派

甚至後現代主義、下半身書寫、玩詩等等
無所不用其極
其實那些能稱為詩嗎？
那只是用以借勢唬人的玩意兒
也正好，讀者頗有明智抉擇
把他們棄之如敝屣
以致他們成了小眾

走！我們聽吟詩去
我們到大自然聽真正的詩人吟詩去
去聽那些田野、山脈、大海、河流吟詩
去聽那些鳥雀、蟋蟀、紡織娘、蟬吟詩
去聽那些風、雨、雲、霧、冰、雹吟詩
去聽那些遊魚、草木、雞、犬、牛、羊吟詩
只要你是真正的愛詩人

甚至靜寂無聲也是詩
他們才是真正的詩人
他們會吟唱最優美悅耳的詩給我們聽
他們吟唱的才是真正的詩

走吧！我們去聽吟詩去

這首詩從表相看，似乎批判詩壇上所有的人事和作品，但另有旨意，不深加說明恐不易理解，甚至誤解。為什麼大詩人所寫的不是詩？如此說來，李白、杜甫……余光中、洛夫……許其正、莫渝、美霞……乃至筆者所寫都不是詩！為什麼夜鶯本來是詩被濟慈一寫便不是了？……那麼，蝴蝶蟋蟀本來是詩，被許其正一寫便不是詩了嗎？他到底在說啥？

佛教有個有名的公案「靈山拈花」，世上有些真理，如佛性、法性，說出或寫出便是錯。《金剛經》更說無我相、人相、眾生相、壽者相，凡所有相，皆是虛妄等，禪宗亦常言「不立文字」。《六祖壇經》〈機緣品第七〉有經文曰：

尼乃執卷問字，師曰：「字即不識，義即請問。」尼曰：「字尚不識，焉能會義？」師曰：「諸佛妙理非關文字。」

六祖惠能大師詮釋佛法大旨，竟是「諸佛妙理非關文字。」正得佛意。之後另在〈付囑品第十〉惠能大師又曰：

執空之人，有謗經，直言「不用文字」；既云不用文字，人亦不合語言，只此語言，便是文字之相。又云「直道不立文字」；即此「不立」兩字，亦是文字。見人所說，便即謗他言著文字。汝等須知！自迷猶可，又謗佛經。不要謗經！罪障無數！（註⑫）

按惠能大師解釋，禪宗說「不立文字」，並非全然不要文字，是說「不著文字相」。倘若透過佛經、佛法上的文字，而能夠真正了解佛的本懷，這就是「不著文字相」。倘若經由佛經、佛法之文字，還是無法了解佛之本懷，就是「著在文字相」，就是謗佛。

由上說明，吾以為〈聽吟詩去〉前段「詩是存在大自然裡的／不是人力所能製造的／在大自然裡的才是眞正的詩」，這意思說，我們當詩人的，不要「閉門造詩」，不要著在文字相裡，要走向大自然，才能感受詩意。

再舉例說明，我們要認識「月亮」，到底要走到窗外原野看高掛天空的月亮，還是在書房認識月亮「二字」就好？當然光看文字是有缺的，看實物才對。許其正詩寫蝴蝶花鳥，一定是他從小常看有感而寫，那才是詩，自然的詩；反之，若有一詩人是「宅人」，從不到田園看花鳥，他詩寫的花鳥詩，便不是詩，因他只著於文字相。所以，「夜鶯本來是詩被濟慈一寫便不是了／雲雀本來是詩被雪萊一寫便不是了」，詩人本旨在強調，走向自然才有詩，詩在自然裡，合於「自然」才是詩。

中間段有很多批判，這些說來話多，書店裡也有一大堆，本文不論述。後段詩人邀請大家到大自然裡聽吟詩去，聽山河大地吟詩，聽鳥雀蟋蟀吟詩，聽雞犬牛羊吟詩。……走向大自然，不要被文字「關」起來了！

田園在呼喚你，與大自然對話。如〈海面一景〉、〈白雲圓舞曲〉、〈民謠〉、〈泥土的顏色〉等，都是呼應大自然的好詩。尤其〈白雲圓舞曲〉一詩裡，一群白鴿、一群月光、一群葦花……都境界全出，產生「空靈」美感。還有豐富的想像力，一看便知是

「許其正風格」的詩章。

詩人以堅持半個多世紀的實證，甚至「以血寫成的」驗證，（註⑬）證明「**詩是存在大自然裡的／不是人力所能製造的／在大自然裡的才是眞正的詩**」，「閉門造詩」都不是詩，而是「謗詩」！

註釋

①王維，〈渭川田家〉，可見任何一本《唐詩三百首》。本文本由三民書局印行，民國八十五年八月，修訂九版，頁二三。

②許其正，《盛開的詩花—許其正中英對照詩選》（重慶：環球文化出版社，二〇一二年五月），頁一二。

③許其正，〈果樹園的呼喚〉，同註②書，頁八〇—八三。

④蕭水順，《從鍾嶸詩品到司空詩品》（台北：文史哲出版社，民國八十二年二月），頁一五三—一五四。

⑤許其正，〈投向大自然的懷抱〉，同註②書，頁二二〇—二二三。

⑥許其正，〈看海〉，同註②書，頁八四—八五。

⑦愛因斯坦確實這樣說，趣者可自己詳閱其傳記文獻等，不難查證。

⑧許其正，〈詩滿田園〉，《Stepping》（New Delhi, India, Authorspress，二〇一六），P.三五。

⑨許其正，〈田園詩散發〉，同註⑧書，頁三七。

⑩同註②書，頁一二。

⑪許其正，〈聽吟詩去〉，同註②書，頁二二八－二三一。

⑫以上引用經文均可見《六祖壇經》。

⑬同註②書，頁一二。

第六章 永遠看見人生有希望

人生的苦樂是說不完的話題，研究不盡的議題，因為人人感受不一樣，對苦樂定義亦人人如參商之距。如唐三藏西行求法，面對無邊險境，仍「寧可向前一步死、絕不回頭一步生」，此種「法樂」，對你我等可是天大的苦；有國王強留三藏大師，要公主嫁他，美女侍候他，對他而言又是天大的苦，對你我等可是「天上掉下來的機會」，天大的樂事喜事。故，人生苦樂說之不完。

但三藏大師之堅決西行求法，也和人生之苦有關，為拔眾生之苦，眾生為何有苦？老子說因為有「我」，這個我是「肉身」，若無肉身便無苦。這個說法部份和佛法類似，人的肉身（色蘊）有心理作用（受、想、行、識），合稱「五蘊」。五蘊緣生之法是無常，無常故有苦，人生跑不了有八苦：生、老、病、死、愛別離、求不得、怨憎會、五蘊熾盛苦。此外，還有三災苦，八難苦、十苦、百苦、無量諸苦……

人生之苦除了因有小我的身體存在，還有客觀的世界大環境也「苦境」。佛陀形容我們所處的娑婆國土，是「五濁惡世」（劫濁、見濁、煩惱濁、眾生濁、命濁）。另在佛經《四十二章經》，〈財色招苦〉、〈妻子甚獄〉、〈色欲障道〉、〈欲火燒身〉等各章，都論及人生無窮無盡的苦難。但世間法多相對，同是面臨「妻子甚獄」，有人殺了她，有在痛苦中糾纏一輩子，而西方聖人柏拉圖「利用她」完成人生自我實現，成就聖人偉業。可見凡事也在一念之間，能轉念便能離苦得樂。

人生雖苦，日子要過，工作要做，老婆孩子要照顧，更有理想要追求。故世人大多懂得「轉念」，關鍵在「念頭」到底要轉往「何處」！有人沒錢念頭轉向銀行「搶」！那樣得不到快樂，反受苦役。多數人為離苦得樂，轉向吃喝玩樂、跳舞打牌、揮霍錢財，所謂「不要人在天堂、錢在銀行」，花錢確實可以得到「一時之快樂」。其他當然也有很多及時行樂的辦法，酒池肉林等，古今中外無奇不有的辦法，言之不盡！只是這些種種離苦得樂的辦法，卻不是最根本、最究竟的辦法。

人生要從苦海中解脫，最根本、最究竟的辦法，只有《心經》所述的，「照見五蘊皆空，度一切苦厄……能除一切苦，眞實不虛……」五蘊幻法，如水月空華沒有實體，一切都是因緣合和的假相，連三千大世界也是一時因緣合和的假相。智者知之，故能照見五蘊皆空，能度一切苦厄，能除一切苦。但佛法所述，是一個極高境界，在佛陀傳法二千多年來，眾生無數，能達到「照見五蘊皆空」「能度一切苦厄」者，到底有幾人？

可以確定的是，那是極少極少的「大智大慧」者而已！

離苦得樂比較務實的辦法，比較適合我等凡夫俗子的「轉念」，就是心理學家所說的「正面思考」，從人生的光明面思考任何問題。就算碰到黑暗面、負面等人生困局，也要從絕望裡找到一絲希望，再擴大希望，找到足以自我肯定的人生價值。我研究許其正文學創作半個多世紀，這種正面思考方式，構成了「許其正模式」的現代詩創作風格。先賞讀〈只要有一線亮光〉。（註①）

只要有一線亮光
哈，有一線亮光就好了

在伸手不見五指的黑暗中
只要有一線亮光
成群的喜悅便會聚集心中

在重病垂危群醫束手時

如果能碰到一名華陀
在疑難如亂絲拆解不開時
如果能觸發一絲解決之靈感
在漂流於茫無邊際的大海中
如果能發現一點獲救的契機
在「山窮水盡疑無路」時
如果能有一絲尋獲目標的消息

只要有一線亮光
再多的付出都值得
再大的忍耐都願意

亮光猶如寶玉
極其珍貴
卻需要去尋找

因為那一線亮光
就是
一線希望

我相信所有仍活在世上的人，不論帝王將相、領導領袖、凡夫俗民、販卒流浪等，都有某種程度的挫折、困境、絕境乃至死局之掙扎，或有難解、難纏的問題，生死一線間。只有死人，才沒有困境、沒有問題，永遠不再面對問題；有，全是活人的事！活人為解決問題而存在。若有人說，他完全沒有任何問題了，完全沒有困境了，我想，他可以準備移民西方極樂世界了！

凡事都從正面思考，是一種人生過程的「基本需要」，人生才會活得快樂、有價值，至少精神心理層面比較富有；反之，凡事從負面思考，絕不會快樂過活，找不到人生的價值，必然成為精神心理層面的「飢渴者」和「貧窮者」。最後、最後，人生完全失去光明面，沒有希望了！「跳樓」成了唯一的路，很不值得！

我詳閱許其正二百多首現代詩，從他年輕時代到現在快八十歲的眾多代表作品，幾乎找不到「負面情緒、負面思維」的詩作。如這首〈只要有一線亮光〉，「**亮光猶如寶**

玉／極其珍貴／卻需要去尋找／因爲那一線亮光／就是／一線希望」。我假設，在「生命線」或防治自殺的機構，或「中途之家」這類地方，當「求救者」或須要幫助的人，若能有適當的人，念許其正的詩（多數作品適合），如這首〈只要有一線亮光〉給他聽，我相信是有鼓舞作用的。有可能讓聽的人「棄暗投明」，回頭是岸！

許詩特質之一是貼近人心人性，讀著讀著，內心平和寧靜，詩人在田園成長，每天與土地為伍。「土地以全身奉獻的姿態靜靜待在那裡，任植物在那裡生生不息，任動物在那裡蹦躍活動，任農人挖掘耕種，毫無怨言……」。（註②）動物、植物尚且積極求生，人怎能不會轉念？人應該向植物學習，向大自然學習才是。就是面對死亡也不完全是壞事，賞讀〈落葉的心事〉。（註③）

綠葉爬滿枝頭
滿臉洋溢著歡笑
如果有那麼一天
它們淪落成為落葉
誰能知道它們的心事？

別以為它們枯黃多皺
是百般心不甘情不願
鬱結而成的結果
那就大錯特錯了
其實它們心中洋溢著歡笑

因為它們殷殷祈盼著
不久的將來
它們要和同伴們
爬滿枝頭
滿臉洋溢著歡笑

這是一首極有深度又大家很容易了解的詩。先說容易了解，落葉象徵生命的結束，也就是所謂死亡，只要是中國人，鄉巴老也懂得什麼叫「落葉歸根」這回事。自古以來，中國人都按此慣例處理「死亡」這回事，就算是很窮的人死在他鄉，其後世子孫有能力者，也會設法讓先祖「落葉歸根」。詩聖杜甫死後子孫無力歸葬，一直過了四十三年，到唐憲宗元和八年（八一三年），杜甫的孫子嗣業，才將祖父歸葬於首陽山先祖杜預、杜審言的墓側。很多平民百姓就算「趕屍」，也要趕回故鄉埋葬，完成落葉歸根願望，所以我說〈落葉的心事〉，大家很容易了解詩的內涵和意象。

而「極有深度」這部份較少為人所知，但至少現在台灣大家也常用一個名詞「往生」，而不說死亡。往生是要開啟另一階段生命的，是另一程生命的起點，這就意涵了佛法上的因緣觀、輪迴觀。佛陀最初悟道，就是悟到因緣、緣起法，為宇宙間真理。（第十七章詳論之）這部份一般人只能略知少許，高僧大師也不知其全部，唯佛能知因緣輪迴所有的來龍去脈，及所有的因果關係。

這首詩把象徵死亡的落葉，寫成對另一程生命的喜悅，悲傷寫成歡笑。「不久的將來/它們要和同伴們/爬滿枝頭/滿臉洋溢著歡笑」，因為落葉知道它們將轉世重生，再回到枝椏上，值得歡笑。當然，這是詩人借物說話，說詩人的心聲，說詩人的人生觀。可見得詩人是樂觀積極的人，並要把這樣正面思想傳達給每一個人，以有益世道人心。讀〈拾級〉就更有用了（註④）

一腳高
一腳低
兩腳輪番地
踩踏著梯級
一步就是一步
人便向上昇了

人生旅途，長長久久
有時是有風雨的
或者風強雨又急
有時是有烈陽的
或許烈陽炙人如焚
或許更有坎坷崎嶇
而且前面還有無數梯級

那有什麼好憂懼呢
越多困阻
越要踩穩腳步，向上
以穩健的腳步
粉碎重重困阻
樂觀以對吧！
哈，向上，向上！

踩踏著梯級
一步一步向上
風雨、烈陽、坎坷崎嶇這些困阻
於我何有哉？
即使已經汗流浹背
即使已經氣喘吁吁

即使已經黃昏……

這是一首有「普遍性」意義的詩，所謂普遍性意義，是適於各行業、各族群、各國民族等，讀之都能獲得正面積極的能量，鼓舞每位讀者的人生。再者，「拾級」，一級級走上梯級，意象清楚，易於透過想像「對號入座」，自己就是那個走上梯級的人，正一步一步上升中，勇氣在念頭上自然生出！也自然看到人生有希望。本來人生絕望到要去跳海，讀「拾級」又回頭是岸了！

第一段看似淺白，寫一步步上階梯之實況，但「一步就是一步／人便向上昇了」詩意很豐富。也弦外有音，告訴我們為人處事都要踏實，一步一腳印才是王道，只要一步步走，就一定步步高昇，走向成功之路。

第二段都是形容人生路上碰到的各種問題，「前面還有無數梯級」是先打「預防針」，表示前面路上還有問題等著。第三段再加以鼓舞，最後一段堅持永不後退，即使如何……也要勇往直前。這是詩人言志，也是給眾生的鼓舞。詩人另一首〈蠟燭偶得〉，在詩路構思上就是創新，未見有如此寫蠟燭的。（註⑤）

我不想回頭
絕對不想

過往雖是一個個昨日堆積而成
昨日卻是一支支燃盡的蠟燭
即使曾經燦爛過
再多也不見亮光

我只想瞻望明日
明日是可燃的蠟燭
即使只點燃一支
仍然綻放光明

真的，我不想回頭
絕對不想

我只想瞻望明日

為何說詩路結構上是創新的，因為通常寫蠟燭，都是如何燃燒自己照亮別人等，詩人未套這老路。把昨日比喻成燃盡的蠟燭，明日比喻是可燃的蠟燭，這是新意象，絕不回頭，只要瞻望明日，也是一種鼓舞勇往向前之意涵，對任何人都有正面積極作用，讓人看見未來有希望。

「眞的，我不想回頭／絕對不想／我只想瞻望明日」，讓我從許其正堅持半個世紀田園詩寫的決心，再次聯想到唐三藏西行求法，「寧可向前一步死、絕不回頭一步生」的壯志，可敬可佩啊！「許其正精神」應該是現代兩岸中國人詩壇之典範。他總是從身邊所見，捕捉單純的意象化為詩章，加以轉化成鼓舞人心的動力。賞讀這首〈飛魚〉。（註⑥）

紛紛揚揚，錯錯落落
無休無止，連續不絕
飛魚似乎和海水

在海面上表演絕技
向上飛起又落入水中
向上飛起又落入水中……
像一片爆開的繁花
又像誰人在演奏樂曲……

我遂在那上面看到了：
超速度的力和美
生命的神奇和奧秘
帶著翅膀的希望
滾沸燙人的喜悅
無限紛繁的榮景

有誰看飛魚，會看到「滾沸燙人的喜悅／無限紛繁的榮景」？看到希望！看到力與美是一般人可以感受的，但看到希望和榮景則難。這是詩人與人不同的地方，他在年輕時就能有這種敏感度，從最不起眼的地方，以正面思維，看出不一樣的生命力。他早年有一篇散文〈生命力〉如是寫著。

在柏油路上，我突然吃驚地發現：有草突破柏油路面，長了出來，展現一片綠意，一片盎然生意。這，著實叫我大吃一驚！……

不能沒有希望，不能喪失信心……那些草給我以極大鼓舞和啓示……（註⑦）

柏油路、水泥地上長出草，到處可見，我們從小到大每天出門都看得到。我們有什麼感覺，人對每天所見的身邊事和人，總是「無感」，總是要去到很遠的地方，走千山萬水，說是要去禮敬觀世音菩薩，到處訪求，最後有一位高僧告訴他：觀世音菩薩已經在你家了，你快趕回去，晚了就來不及了……

許其正的作品就是這樣，在最平凡、平常、平淡的地方，指出不凡、高超又能啟蒙人心的「頓悟力」。讀之，如古代高僧禪師的「當頭棒喝」。再賞讀他的一首〈給白髮〉。（註⑧）

別頹喪一至於此
我堅強勇敢的白髮呀
才那麼一點點秋意
有什麼好害怕的？
為什麼要像蘆葦
忙不迭地紛紛舉起白旗？
想投降嗎？
天都還沒亮呢！
站穩腳跟
挺起胸膛
任它風狂雨驟
你要像一支翠竹
——堅忍
你要像一株柏樹
——不凋

也是一個感傷的素材，大家都不想看到的，表示光陰又打敗了你，讓你一步步向西方退卻，大家害怕，不想看到它。現代人聰明懂得騙人（染髮），騙人耳目，還是唬不了光陰。詩人給你加持動力，「站穩腳跟／挺起胸膛／任它風狂雨驟」，戰鬥也是打敗時光的好辦法，至少人生不能示弱。期許如翠竹之堅忍，如松柏之不凋。人是須要鼓舞的，任何人都是，許哥一生以鼓舞人為己任。

戰鬥不一定要拿槍用砲，唐三藏西行求法，途中災難、土匪、強盜、魔鬼何其多！他凱旋而歸。信念和愛的力量，大於任何武器，心中有愛，看這世界的一切，都能看出希望和美麗。賞讀詩人一首〈賞花〉為本文結論。（註⑨）

天使
綻放了

西遊記
（電視連續劇歌詞）

我的心兒
一花一葉
了無掛礙
卻又太牽掛
念盡紅塵
用愛照亮天下
我的心兒
穿越繁華
只為天邊
那一抹彩霞
散去流沙
笑拈大千如花

在枝頭
一個個
微笑著
細語著
歡呼著
蹦跳著
以馨香
以繽紛色彩

我心裡
遂湧進了
難以數計的
春

這是一首潔簡、有力的小詩，涵富浪漫色彩，也頗有意境。詩的意境有無尚甚深奇妙，「意境」者乃詩人意中之境，不可能用「實物」證明有無，完全是詩人想像力加聯想的產物，如「黃河之水天上來」，是不能證明的，一證便錯（因黃河之水來自巴顏克拉山）。〈賞花〉一詩亦同，「天使/綻放了」，天使何在？乃在詩人心中，心中有天使，看什麼都是天使。如親近佛法的人常說，心中有佛，看人都是佛，蘇東坡和佛印的典故常被舉例說明，本文不贅述。

小論本文，賞讀許其正這麼多詩作，發現從鄉村、田園、農莊「長」出來的詩，都那麼的自然，就像大自然的自然產物。就像許其正自己所說，「耕自己的地，播自己的種，培植自己的作物。」這些詩都是他親手「種」出來的。

「種詩」也要灌溉吧！品種當然是詩人的基因，加以天使、愛心、希望、堅定、勇氣等養料栽培灌溉，成為一首首「希望之詩」。讀者客倌或任何有緣人，當你不論面臨任何絕望困境，你只要瞧一眼這「希望之詩」，相信你就看到人生有希望了！

註　釋

①許其正，〈只要有一線亮光〉，《盛開的詩花—許其正中英對照詩選》（重慶：環球文化出

版社，二〇一二年五月），頁一九〇－一九一。

②同註①書，頁一二。

③許其正，〈落葉的心事〉，同註①書，頁一九二－一九三。

④許其正，〈拾級〉，《Stepping》（New Delhi, India, Authorspress，二〇一六），P.五二－五四。

⑤許其正，〈蠟燭偶得〉，同註④書，頁一三二－一三三。

⑥許其正，〈飛魚〉，同註①書，頁二六〇－二六一。

⑦許其正，《夏蔭－許其正散文自選集》（屏東：自印，民國六十八年八月一日），頁一六二－一六三。

⑧許其正，〈給白髮〉，同註①書，頁二五六－二五七。

⑨許其正，〈賞花〉，《華文現代詩》創刊號（台北：文史哲出版社，二〇一四年五月），頁五五。

第七章 物語開講，說許哥人生

寫詩（不論傳統詩詞或現代新詩），固然有很多創作理論，闡釋作品的誕生，到底詩人是怎樣把詩「生」出來？我個人經多年「土法煉詩」的經驗，最普遍、有用，並讓我信服，大概就是「情往感物」和「物來動情」作用產生了結果（詩）。若將這兩個「變項」設為A和B，詩設為C，則詩的誕生可以公式示之：A+B=C

更深的理論就由學院詩家去解說，在我的經驗中，好像沒有什麼詩作不是以上兩組變項的產物！差別只在哪一個變項產生較大的力量！若是「物來動情」，則是「物語」，客觀景物較大的力量，觸動主觀（詩人）情感。如李白〈長干行〉，「……八月蝴蝶黃，雙飛西園草。感此傷妾心，坐愁紅顏老……」看到蝴蝶雙飛，引起孤守空閨的思婦一腔愁緒。

若是「情往感物」，詩人移情入物之情感能量較大。詩人有不可遏之情，以情觀物，似乎「物」亦有情，便以「物」立場講話。如同是青山，白居易說「吳山點點愁」，辛棄疾說「我看青山多嫵媚、青山見我應如是」。所以，同樣「景」和「物」，不同詩人心情看待，景物便有不同色彩。有點年紀的人大概會喜歡一首歌，〈王昭君〉，其中有一段歌詞：

陽關再唱，觸景神傷，琵琶二疊，凝眸望野草，閑花驛路長。問天涯茫茫，平沙落雁，大道霜寒，胡地風光，剩水殘山，殘山剩水，無心賞，一曲琵琶恨正長。

相同的胡地荒漠，一樣的平沙落雁，閑花野草依然，古今旅行者探險家去High翻天，王昭君來看盡是「剩水殘山、殘山剩水」，心頭長出恨無窮。凡此，都是「物來動情」和「情往感物」交融的結果。在許其正眾多現代詩品中，特選幾首屬於「物語」和「物感」很強烈的詩，如〈種子的願望〉、〈芽〉、〈野草的自述〉等賞讀之，先點品〈種子的願望〉。（註①）

我是一顆飽熟的種子
曾經將鹹澀的血汗當蜜汁
不停地在孤獨的熔爐裡

煆燒、熔鑄、修煉……

請風代為傳播，還有
鳥雀，當然也加上
我的自發迸撒
到不管什麼天涯海角……

儘管黑不溜去
儘管小得不引人注目
儘管不長袖善舞，招蜂引蝶
會辣，再小都是辣椒！

貧瘠會成為豐碩
沙漠會化為綠洲
對這，我有無比的信心

願你心中那朵欣喜也常綻放！

凡是「物語」之作品，至少有兩層意涵，一層是「物」說自己，再是人借物說話。但物（東西、景物等）實際是無言的，都是人說的，所說兩層意涵指詩意而言。如這首〈種子的願望〉，第一層意涵純就種子本身來說，「我是一顆飽熟的種子」，在成為種子前，仍須經過一段日晒雨淋，風襲雷打，沒死的才能成種子，熬過「鹹澀的血汗」，在孤獨的旅途上，「煅燒、熔鑄、修煉……」。想要熬成一顆成熟的種子，是要付出代價的。這第一段的意涵也是詩人自說人生路，詩人對自己創作歷程曾有這樣的告白，「我所寫的，可以說絕大部份是我在鄉間田園的所見所感和親身體驗，說是以血寫成的，實不為過。」（註②）本段詩句，「曾經將鹹澀的血汗當蜜汁」，正驗證了詩人早期堅困時代的人生歷程和人生觀

第二段種子打開心胸，邀請大家一起傳播種子，傳到天涯海角；也意指詩人這輩子以傳播「詩種」為己任，到現在已傳到很多國家。除中文外，至少希、英、法、義、日、蒙古等文都有版本（詳見書後年表）。

第三段形容種子和詩人皆渺乎其小，絕不妄自菲薄，以正當手段圖強奮發。「會辣，

再小都是辣椒」，這句很有深意，更有弦外之意，詩人一輩子一個人「走自己的路」，七十六歲以前的半個多世紀，未參與任何詩社。寡眾詩壇結社功能之一是「相互提高」，所謂名家大師的形成，這種結社同仁「相互提高」，絕對是有點助力的，甚至是一股重要的力量。許哥沒有這種助力加持，難以成其大，但詩人無懼，小辣椒不與人比大，憑作品一樣走出大片江山，成為現代田園詩人之典範。

第四段是個期勉。不要抱怨「貧瘠」——怪祖蔭沒有、怪父母貧窮、怪家世不好、怪沒有含金湯匙出生……只要「冬常抱冰、夏還握火」，必然「貧瘠會成爲豐碩／沙漠會化爲綠洲」。詩人說了，「我有無比的信心／願你心中那朵欣喜也常綻放！」賞讀一首〈芽〉。（註③）

芽蹦出來了
在土地裡
在枝椏間
可不是嗎？

只要是有種的
只要時候一到
芽終究會蹦出來的
即使凍土層層壓著
即使嚴寒密密封鎖

別小看它身子小小嫩嫩的
只要是有種的
只要時候一到
它必定會長高長大
長成一棵枝葉繁茂的大樹
長成一首完美的詩
甚至一片燎原的火

種子若能「抱冰握火」，必有機會成「芽」，這詩有兩句「有種的」，應有二意，一是有好的機緣成為「一顆種子」，次要自立自強，不要「靠爸」，便是「有種的」，人生當如是。

但這詩最後意象有詭異之處，長成一首詩是可解的，因為詩人的詩觀是大自然才是詩。而長成「一片燎原的火……」好嗎？星火燎原，把大片森林燒光了，芽和種子們沒長大也先死了，豈不災難！似乎不合「芽」的文意，再說詩人並不想「創造」災難。

詩人慣於正面思考，總是從人生的光明面詩寫，以有益於世道人心。所以芽長成一片燎原的火，應是一種形容意象，例如形容大片楓紅是「火海」。一大片森林有各種顏色的葉，遠看似燎原的火，而這一切，最早都是小小的芽，神奇啊！人只要有種，必能創造自己的神奇或傳奇。讀另一首〈野草的自述〉。（註④）

壓抑有什麼用？
過後我還是會站起來的
即使一直壓抑，我仍會
轉個方向，尋隙長出來
甚至直接刺穿壓抑物蹦出來！

也或許會被拔除、被燒掉
這又有什麼用？
被拔除了，被燒掉了
我照樣再長出來
我就是這麼個樣子

沒什好訝異的
只要有一點點土
我便能長出來，存活下去
即連水泥屋頂不也可看到我？
這樣的稟性，誰能壓抑得了？

不是溫室裡需人照顧的花朵
我是堅強成長的野草

風霜雨雪烈陽不時磨練我
使我無懼於受壓抑，被拔除、燒掉
長得欣欣向榮，自滿自足

野草，荒野、田園、住家院子，到處都是，相信是地球上最普遍、最茂盛的物種。它應該可以象徵或代表大自然，或許也最能代表詩人許其正，詩人從小長於田野農莊，野草的自述就是詩人的自述。第一段「壓抑有什麼用？／過後我還是會站起來的」，這不是許其正這是誰？

第二段「被拔除了……我就是這麼個樣子」，在其他的詩，如〈走自己的路〉、〈大板根〉、〈腳印．踩在沙灘上〉等，都出現很類似意象情境，「我就是這麼樣子。」這麼樣子就是山（見〈山〉一詩，註⑤）。這些，都是詩人許其正形像。

第三段回到平凡的原點，野草本來如此，詩人本來如是，像這樣的詩人「這樣的稟性，誰能壓抑得了？」這是基因，這是詩人的天命啊！最後一段再自我期許「風霜雨雪烈陽不時磨練我……長得欣欣向榮，自滿自足」。野草也象徵堅強、韌性，野火燒不盡，春風吹又生，這正是詩人許公的寫照。另一首〈樹語〉，是詩人以樹開講，宣說人生觀。

（註⑥）

不是我誇大吹噓
我立身在世
幾乎每一部分都是有用的
我絕不作世間的累贅

看一看，想一想
我的一身綠可以養眼
我呼出的氧氣有益健康
我創造的濃蔭可以作庇蔭
我的葉子可以映照季節
我的樹幹可以做建材
我的身軀可以作鳥雀、蟲豸的溫牀
更重要的是，我挺立的姿態

可以為懦弱者的典範
等而下之，即使死了
我還可以當肥料
誰能否定我的用處？
誰能說我在自我誇大吹噓？
我就是這麼有用的！
至少我不作世間的累贅！

賞讀這首〈樹語〉，這樹是誰啊！不正是詩人宣說人生哲學嗎？詩人這輩子立身處世的最低門檻，是「至少我不作世間的累贅」。進而再有貢獻，是發揮各種功能，最高層次「我挺立的姿態/可以爲懦弱者的典範」。就以詩人這輩努力的形像，「唐三藏精神」、「薛西弗斯的使命感」，他已是典範，且是一種普遍性、各行各業、各民族人種之典範。春秋之筆，如是定位。

當然，這首詩更有環保上的意義，大家應知地球上的氧來自所有的樹，樹若不生氧，動物全死光光。所以動物和植物是「生命共同體」，但地球上的樹林快被砍光了，沒了氧大家一起死，還「整死」了地球。難怪全球知名的保育專家珍古德說：「人類的出現，是進化論的錯誤。」（註⑦）問題是人類已經出現了，歷史和時間都不可逆。於是，我們好好領悟詩人「樹語」，並有感於詩人回到大自然，保護大自然，則地球有救，人類有救，詩人與有功焉。若是大家好好珍惜大自然，〈草依然微笑〉。（註⑧）

曾經，這些草
被冬天肆虐過
被牛羊啃食過
被獸蹄踐踏過
被熱火燒灼過

如今，它們卻
高興地仰起臉來
依然盈盈微笑著

在溫暖的春風中
彷彿未曾有過那些事

草，最微不足道，甚至是很「賤」的植物，生長在任何最不起眼的地方，不須灌溉、施肥，長的比菜還好，它就是草。草能入詩入文學嗎？可，而且有點難，甚至很難。這道理就像說，川普（美國新當選總統）之子成富豪，這不難，也不那麼可敬。但窮人家之子成富豪，這很難，應該很受人尊敬。

能把很賤的東西或黑暗面，寫成「文學經典」，這是了不起的，如白先勇的《孽子》，把人性最暗的地方寫成經典，這正是大作家的功力。同理，我看許其正詩作，〈野草的自述〉、〈芽〉、〈草依然微笑〉……極多此類作品，可謂化腐朽為神奇。這樣的創作功力，須要人生歷練，基因、努力加觀察學習，經數十年磨練才能悟出的「轉念」功力。拿二帖詩人年輕和老年作品比較說明，詩人在三十幾歲有一篇散文〈落葉〉這麼說：（註⑨）

每一片落葉都在控訴著秋風秋雨或冬風冬雨是一名殘酷的毀滅者，一名惡毒的妖精，控訴秋風秋雨或是冬風冬雨的暴行、打擊、摧殘、肅殺……

每一片落葉都在悲傷哭泣著它的飄零、孤寂、蒼涼、悲淒、殘敗、萎死……

每次看見落葉，我便彷彿聽到有人在唱著輓歌，有人在悲傷哭泣，彷彿看到一個生命被埋葬，便欲咀咒秋風秋雨或冬風冬雨，便欲泫然而泣……

這〈落葉〉多感傷，甚至痛恨、痛苦，這或許和當時心境有關，三十多歲涉世不深，歷練不足。尤其人的成長過程，三十多歲時不可能有多高的悟力。但三十多年後，他另有兩首落葉相關作品，〈落葉的心事〉（見第六章），〈窗前落葉〉應是七十五歲以後作品，心境就完全不同。（註⑩）

時序已入秋
蕭蕭秋風陣陣吹來
窗前挺立的喬木
葉子正開始變換色彩
將展現落葉繽紛的景象

生命的盛夏總是
精力充沛，神情昂揚
令人讚佩，令人神往
但是入秋後，落葉就叫人
悲從中來，神情沮喪嗎？

為什麼不換個角度想一想？
它們為了下一代
不惜犧牲自己
讓生命生生不息
這種壯烈情操
不更令人心折嗎？

比較三十多和七十多歲作品，心境完全不一樣。三十多歲的「落葉」，充滿很多負面情緒，乃至咀咒痛苦等。到了七十多歲時的落葉已完全轉念，轉向人生的光明面，給人以積極的鼓舞作用。

人世間許多動亂、苦難，許哥應該了然於心，在小我世界裡許哥從小吃苦，他卻「吃苦當吃補」。他從小在鄉下，放牛、耕田、捏泥土、吃泥巴，無所不做，每天做得土頭土臉，蒙受風吹雨打。同樣出自這種環境的人，很多是走向沉淪的。（註⑪）為什麼他的人生成為「光明的使者」，用正面看待一切事物，他甚至改變了「掃帚星」的形像，賞讀〈彗星呀〉。（註⑫）

彗星呀！你長久受委屈了
許多人都說你是掃帚星
見了你便吐一口唾液，說可以除厄運
是了，掃帚乃所以掃除之用
但你不是要來掃除好運的
誰不知道掃帚乃用以掃除垃圾？
世間真有不少垃圾需要掃除

那些作奸犯科的惡徒
那些專以口舌騙人的政客
那些殺人盈野，殘酷不堪的戰爭
不都是垃圾是什麼？
掃吧！大力地掃吧！
連人家加給你的惡名也掃除掉！
別怕！破壞雖然不好
但是，別忘了：
要建設先需破壞！

這詩題下引《左傳》之言：「彗星，所以除舊佈新也。」可惜後人並未承接這個正面價值，反而把彗星「妖魔化」，視為不吉之掃帚星。現在詩人給它建設性意義，期許它掃除人世間所有黑暗和垃圾，相信從此改變彗星的形像，甚至改變屬性，這是正面價值看待世事的力量。

本文通過一些有關「物」的開講，試圖深入理解詩人的人生觀、人生哲學，了解詩人從小到大養成正面思維的心路，他總是歌頌人生的光明面，勉人奮發向上，給人以鼓舞的動力。

詩人也善於捕抓各種「物」的屬性和意象，創作成一首經典好詩，如本文所舉，野草、樹木、落葉等，都讓它們「自我實現」，就連〈小雨滴〉也可以給人帶來喜悅，「小小的，小小的／蹦蹦跳跳……小小的，小小的／欣喜」。（註⑬）人生就是這樣，小小的欣喜加小小的欣喜，很多個小欣喜加起來，便是人生的大欣喜，成功是這樣來的。而有的人以為小錯無所謂，許多小錯成大錯，人生就毀了！

這首小詩有重要的弦外之音，人生的大失敗，也是一個個被忽視的小錯累積而成，終成大慘敗！

註釋

①許其正，〈種子的願望〉，《盛開的詩花－許其正中英對照詩選》（重慶：環球文化出版社，二〇一二年五月），頁二四－二五。

②同註①書，頁一一二。

③許其正，〈芽〉，同註①書，頁二六－二七。

④許其正，〈野草的自述〉，同註①書，頁一八八－一八九。

⑤許其正，〈山〉，同註①書，頁二二〇－二二三。

⑥許其正，〈樹語〉，同註①書，頁二一八－二一九。

⑦珍古德確實說了這句話，趣者可自己查她的著作，不難查證。

⑧許其正，〈草依然微笑〉，《Stepping》（New Delhi, India, Auttorspress，二〇一六），P. 26。

⑨許其正，《夏蔭－許其正散文自選集》（屏東：自印，民國六十八年八月一日），頁六五－六七。

⑩許其正，〈窗前的落葉〉，同註⑧書，頁三九－四〇。

⑪同註①書，頁一二。

⑫許其正，〈彗星呀〉，同註①書，頁三一八－三一九。

⑬許其正，〈小雨滴〉，《華文現代詩》（台北：文史哲出版社，二〇一六年五月），頁七二。

第八章 追尋・修煉・歸宿

藝壇（各類藝術創作者）常聽到一句話，「詩人是最具真性情的人」，直白說即「詩人是最誠實、最真誠的人」。同處「五濁世界」，有各行各業，有千百萬億人，為何只有詩人最具真性情？我深研這個道理數十年，發現詩人是最會「思考」人生意義的人。當然哲學家也是「思考家」，但詩人的作品若無哲學的高度，亦難成其「大」，所以能創傳世之作的詩人，必然也會是個「詩哲」或「哲詩」。研讀許其正的詩，一定會發現他的詩都在思考，溶文學、哲學和人生的思考！

思考人生的意義，相信不出三大領域：㈠人生到底要追尋什麼？錢財、地位、奉獻、施捨、三不朽……美酒女人，或一切都不要也是「追尋」，不是嗎？㈡人生各階段要不要再學習？修行修煉到何時？或是「到此為止」！㈢人生要歸向何處？歸向哪裡的「家」？這三大領域都有多層次意涵，說簡單也簡單，說甚深微妙也是甚深微妙！都是永無止境的！

我賞讀、研究本書主角詩人許其正，他一輩子的創作內涵和歷程，都在大自然中，經由自然狀態的人事時物地來思考這三大領域的問題。從他四十歲時所出版的散文集《夏蔭》，可以知道他人生在思考什麼？這本散文集是他在四十歲前的三本散文集《穟苗》、《綠園散記》和《綠蔭深處》，再精選出來的精華文本，有八十一篇經典散文，舉其文題如下。（註①）

一字題：綠、雲、書。

二字題：春耕、五月、夏蔭、醉雲、落葉、母愛、冬收、鐘聲、新生、葉雨、螺旋、雨後、鳥鳴、風箏、花香、稻浪、蹦躍、工作、綠徑、悠然、聽雨、蛙鼓、泉水、夜曲。

三字題：迎春曲、秋華集、霧之歌、牧場上、捉蟋蟀、西瓜季、掏鳥窩、生命力、夏夜裡、西北雨、炕土窰、釣青蛙、送夕陽。

四字題：到郊野去、春晨即景、花園春曉、海上航行、林中漫步、我愛星夜、星夜小拾、給螢火蟲、蜘蛛織網、林間小步、冬日小語、一棵大樹、蜜蜂嗡鳴、春晨漫步、春日短歌、春日小坐、天然禮堂、數大的美、檳榔四題、雨的情趣、記憶深處、牛車四章。

五字題：捉螢火蟲去……以下略。

同樣從台灣最鄉下、最土最土的鄉下長大的我，許其正所有在大自然田園裡，做過看過想過的事，我大約也全部做過看過想過，所以他的作品讓我有感。身為詩人，一生在思索什麼？追尋什麼？修煉什麼？人生歸向何處？作品是「最誠實的孩子」。許其正是在大自然的田園裡，追尋、修煉並找尋人生的歸宿。本文從他的詩作中選數首，最具如是意涵者，賞析詮釋之，第一首是〈青鳥・夢・追尋〉。（註②）

青鳥越飛越快
我仍全力追尋著
即使全身是汗，氣喘吁吁
即使前面路途還很遙遠而坎坷

那是個夢
多彩而靈動的
卻如濛霧中的美麗女郎

時時拋給我以深情的媚眼
將我牢牢磁吸住
儘管渺茫而不具體
我卻不曾片刻或忘
不曾有過絲毫放棄的念頭

一路不停追尋而來
我堅持一定要予擒獲
有時彷彿距我很遠
有時卻似近在咫尺
彷彿伸手可及
卻又縹渺如夢，忽忽飛遠

黃昏了
暮色正要飄落下來

我什麼時候能擒獲這隻青鳥？
時間不多了
我似乎有些等不及了
她卻越飛越快
她不會真的像一個夢
平白從我眼前飛走消失吧
我必得加把勁

首先，這是一首具有「普遍性意義」的作品，普遍意義是成為經典之作、成為傳世作品的要件，即所有人、各族人、各行各業人看，都要有感、感動，引起共鳴。等而下之，極少人有感，最差的作品是僅作者一人有感，別人看不懂故無感。

其次回到作者，詩當然是表達人自己的人生追尋，述說自己的夢想，這個夢想是詩人一生追求的「豐功偉業」，這個夢想是詩人一生最重要的鵬圖與鵠的。故，大家才說「有夢最美」，追尋、修煉與歸宿都為實現夢想。

這首詩共四段，第一段先高調宣示，追尋「青鳥」是人生最大夢想，「我仍全力追尋著……遙遠而坎坷」，這隻「青鳥」是什麼？定是某種理想不難想像，就留給讀者客倌去自由心證了。

第二段詩人企圖描繪這個夢想的長像，「多彩而靈動的／卻如濛霧中的美麗女郎」。為什麼提到有吸引力的東西，人就搬出美女？似乎人世間所有具備吸引力的，只有美女，因為她「時時拋給我以深情的媚眼／將我牢牢磁吸住」，用美女比喻理想，不僅適合也讓詩更有媚力。但「媚眼」終究瞬間一過，所以夢想也如女人的媚眼，雖不具體，至少也可以引人追求，詩人就從不放棄追求！

這一路上追尋了半個多世紀，詩人絕不放棄，發揮玄奘大師精神，甚至也學習薛西弗斯堅持決心，一定要擒獲這隻「青鳥」，在忽遠忽近間，青鳥依然縹渺如夢。

追尋夢想到了「黃昏」，是人生的黃昏。「時間不多了／我似乎有些等不及了」，因為詩人已過「銀髮之年」，夢想仍未實現，還懷疑這是不是一場夢？最後一句「我必得加把勁」，詩人又很快恢復堅定和勇氣，追尋和修煉要持續，歸宿尚未尋獲！

整首詩的核心思維，似乎也在說人生如夢，人人都有夢想，也不斷在追尋夢想，追尋人生的真義。但能實現人生夢想的，具體完成的，真是微乎其微！歷史上，李杜三蘇、秦皇漢武、蔣公老毛……他們的人生夢想實現了嗎？這隻「青鳥」啊！玄之又玄，妙之又妙！只能說人生的「追尋・修煉・歸宿」是永無止境的，你不能後退、不能停原地，你必須前進、前進！若如你是一位有為者，如剛過逝的古巴強人卡斯楚說：「革命者休息的地方是墳墓」。詩人像一位有為的革命者，你必須像一朵〈向日葵〉。（註③）

不停轉動方向
總是唾棄一方
總是迎向一方

總是唾棄陰暗
總是唾棄寒冷
總是唾棄醜陋
總是唾棄邪惡
總是唾棄暴戾

總是迎向光明

總是迎向溫暖
總是迎向美麗
總是迎向善良
總是迎向和平

總是唾棄一方
總是迎向一方
不停轉動方向

這是一首結構整齊、相對，意象鮮明，頌揚光明面的好詩。技巧上使用二分法，拉大善惡之間距離，以產生最大「衝擊力」，從陰暗與光明相對，到暴戾與和平相對，讓詩產生鼓舞的動力。

詩意之外指詩人的人生哲學、處世態度，為追尋理想，必須像「向日葵」一樣，永不停止的修煉，唾棄人生的任何黑暗面（醜陋、暴戾等），追尋光明面（溫暖、和平等）。人生有很多弱點、缺點、問題，都一點點、一步步修，一個問題一個問題修，修到沒有問題。這要修到何時？可能修幾世幾百年！

拿著一個燙熱的熨斗
他不停地熨著
要把皺褶熨平

皺褶何其多
一個個湧過來
一個個被熨平
卻又一個個湧過來……

他不停地熨著
熨得汗流浹背
熨得筋疲力盡
皺褶仍然不停地

一個個湧過來……

皺褶，衣服的皺褶
皺褶，額頭的皺褶
皺褶，人生的皺褶……

這首〈熨〉是造境之作。（註④）詩人不會僅因熨斗功能寫詩，而是借以昇高層次，經由熨斗熨衣的意象，象徵人生一個個問題（皺褶）被熨平（解決）。人生有哪些問題或困局？主觀的、客觀的、心理的、生理的……可以說是無窮的問題，而且每個人問題都不一樣。人生的過程也可以說是解決問題的過程，人生的成敗關鍵都在解決問題的能力。直到有一天，死了，你便不需要親自解決問題，別人幫你解決，但你可能留下很多問題，後人花數十年也無法解決……

人生和眾生問題無窮多，但可以化約成五大問題源頭，即「貪瞋痴慢疑」（貪得無厭、易怒失控、痴呆冥頑、自大驕傲、疑神疑鬼）。只要是還活著的人，不論修行到何種境界，絕不可能讓這五大問題從心中清除，使自己完全和佛陀一樣「清淨、自在」。

所以，詩人這首〈熨〉，意涵之真義，不僅在「熨」平客觀環境的問題，也在「熨」自己內心世界的種種人性「原罪」。

讀許其正現代詩可以有很多學習和啟示，不止本文所舉幾首詩，他的各種作品（散文、詩），經常意涵著追尋、修煉及找尋歸宿的努力，這是人生「永恆的功課」。外界環境給你的問題不難克服，人性中的「貪瞋痴慢疑」要如何清除？不久前我有感於這「五鬼」之害，題詩二首可和許其正的修煉比較賞讀。（註⑤）

那些該殺的　陳福成

我發現
最該優先殺死的是五個仇人
這五個仇人害人不淺
害死很多人
也害我一輩子
貪、瞋、痴、慢、疑

五個魔鬼
害我當了一輩子囚徒

此事得從長計議
儘快
一個個，殺了！

殺、殺、殺 陳福成

我真是殺紅了眼
還是發了神經？
老要殺這殺那的
發現更多該殺的魔鬼
好吃懶做、喝酒吃肉、抽煙吸毒
不求長進、到處鬼混、光說不練

思想落伍、謀求己利……
不知天高、不解地厚……
消耗資源、害死地球……
凡此……
都該殺
殺殺殺殺　殺殺殺

比較我和許其正的追尋和修煉方式，許式堅定而溫和，我則堅定而剛烈，他是「寧靜革命」，我則「武力革命」。人之所以會有堅定的信念，不畏千辛萬苦，堅持一輩子的使命任務，必然和「終點站」有關，即最後「往生」去哪裡（向誰交待等）？也就是人生最後的歸宿。賞讀〈歸〉。（註⑥）

一列車又一列車
一艘船又一艘船
一段路又一段路

一座橋又一座橋

一座山又一座山
一汪洋又一汪洋
一條河又一條河
一區田又一區田
一棟屋又一棟屋
一片草又一片草
一株樹又一株樹
一個人又一個人
（一椿事又一椿事
一場戲又一場戲
一局棋又一局棋）

一路過來

終於到了：
列祖列宗呀！
列祖列宗呀！

前兩段從一列車……一局棋，詩意何在？可以有很多解讀，基本上就代表人生旅途經過的一切。曾有人在長江邊看船來船往，無數船隻，問身旁一個出家人：「這麼多船在幹啥？」出家人說：「貧僧看來只有兩艘船，一為利，一為名。」

所有尚活著的人，誰能百分百說他不要名不要利？何況中國人自古讀書人寒窗宗旨，就為求取功名，光宗耀祖，沒有功名（名利），對列祖列宗無法交待，對自己更交待不過去，似乎人生意義要大打折扣。包含詩人、作家在內，能有作品廣為流行，「市場」幾乎決定詩人的「身價」，有市場有身價，你必然就站在「詩壇金字塔」的高端位階，如余光中、洛夫等。所謂君子愛財取之有道，詩人要名要利，行之以道，有何不可？只是本書主角許其正，他「一列車又一列車……一局棋又一局棋」，追名逐利的動機很淡薄，他在意的是人生的歸宿，如何向列祖列宗有個交待！但人生的困局是永無止境的，人生的修煉也是永無止境的。別以為八十歲、九十歲了，就一切沒問題了，沒有困局了，

詩人最近有〈困〉於詩。（註⑦）

一團絲
牢獄
綑

灰暗
霧呀霧
路在哪裡？
突出去
突出去
啊，陽光！

這是一首可愛又有鼓舞作用的小詩，體現詩人永遠看見有希望的風格，也契合本文主題，人生要不斷突出亂局、突出困局，才能尋到最後的光明殿堂。追尋、修煉，找到歸宿，對自己，對列祖列宗，才有個交待。

註釋

①許其正，《夏蔭－許其正散文自選集》（屏東：自印，民國六十八年八月一日）。

②許其正，〈青鳥・夢・追尋〉，《盛開的詩花－許其正中英對照詩選》（重慶：環球文化出版社，二〇一二年五月），頁四二－四三。

③許其正，〈向日葵〉，同註②書，頁一四四－一四五。

④許其正，〈熨〉，同註②書，頁三一六－三一七。

⑤陳福成，〈那些該殺的〉、〈殺、殺、殺〉，《台北：華文現代詩》第六期（二〇一五年八月），頁一〇一。

⑥許其正，〈歸〉，同註②書，頁一九六－一九七。

⑦許其正，〈困〉，《華文現代詩》（台北：文史哲出版社，二〇一六年十一月），頁七四。

第九章　時令、節氣的情話，說許公人生哲學

一年四季是人類文明生活的共通時序，但四季又分「二十四節氣」，則是我們中國人的「第五大發明」。中國古代透過觀察太陽周年運動，與傳統農業生產和日常生活關係，再將四季分二十四等分，每一等分為一個「節氣」。例如春季又分立春、雨水、驚蟄、春分、清明、穀雨，夏秋冬類推如剪報資料所示。

依照二十四節氣編成的《農民曆》，可以說是我國

24節氣列世界遺產

【本報綜合報導】聯合國教科文組織（UNESCO）周三決議，將中國傳統代表一整年時令運行的「二十四節氣」，列爲「人類非物質文化遺產代表作名錄」。

中國大陸《人民日報》報導，UNESCO保護非物質文化遺產政府間委員會，十一月三十日在衣索比亞首都阿迪斯阿貝巴通過這項決議。

報導指出，由大陸申報的申請案提到，「二十四節氣」是古代中國人透過觀察太陽周年運動，認知一年中時令、氣候、物候等方面變化規律，所形成的知識體系和社會實踐。

古代中國人將太陽周年運動軌跡分爲二十四等分，每一等分爲一個「節氣」，包含立春、春分、清明、立夏、夏至、立秋、秋分、立冬、冬至等皆是。

報導說，二十四節氣是中國人特有的時間知識體系，深刻影響著人們的思維和行爲。影響至今，中國人仍有在清明掃墓、在冬至吃湯圓等習俗。

大陸在申報案中提到，「二十四節氣」指導著傳統農業生產和日常生活，且在國際氣象界，節氣早在二千多年前秦漢年間就已確立，被譽爲「中國第五大發明」。

澎湃新聞報導，與節氣相關的九華立春祭、班春勸農、石阡說春等，二〇一一年被列入該遺產項目擴展名錄；二〇一四年，三門祭冬、壯族霜降節、苗族趕秋、安仁趕分社也列入。

24節氣

春季	立春	2月4/5日
	雨水	2月19/20日
	驚蟄	3月5/6日
	春分	3月20/21日
	清明	4月4/5日
	穀雨	4月20/21日
夏季	立夏	5月5/6日
	小滿	5月21/22日
	芒種	6月5/6日
	夏至	6月21/22日
	小暑	7月7/8日
	大暑	7月23/24日
秋季	立秋	8月7/8日
	處暑	8月23/24日
	白露	9月7/8日
	秋分	9月23/24日
	寒露	10月8/9日
	霜降	10月23/24日
冬季	立冬	11月7/8日
	小雪	11月22/23日
	大雪	12月7/8日
	冬至	12月21/22日
	小寒	1月5/6日
	大寒	1月20/21日

製表／人間福報編輯部

一○五．十二．二　人間福報

歷史上發行流通最多最廣的書。中國農民乃至各行各業都以這本書為「生活憲法」亦不為過，台灣如是。例如清明掃墓、立冬補冬、冬至吃湯圓等，是我們中國人千百年來的優俗。而農民一年四季的農事，大致上也按《農民曆》「照表操課」，這本書在中國各省〈含台灣〉，農家可以說每家一本。中國社會至今對時序時令、節氣季節的大自然運作，能否與人民生活秩序配合，與個人生命情調契合，依然是相當在意的。乃至個人開創事業，生涯規劃等，也離不開《農民曆》。君不見嫁娶、祭祀、祈福、動土、入宅、開市、生死大事……舉之不盡，仍要依《農民曆》所訂行之。

許其正生於農村、長於農莊田園，一生以「田園詩人」自許，所以他對時令、節氣有深刻的感受。不論他年輕或晚至銀髮時期，他有不少作品都和季節循環、自然環境運轉有關。例如早期《夏蔭》這本散文集，幾乎全部「農事與季節」，出現在這本書的農產品至少百種。而季節時序如迎春曲、春耕、清明時節在墓地、豐收、夏蔭、秋天的菓樹園、冬收……（註①）在現代詩方面，和節氣季節相關作品亦不少，是詩人以不同途徑論述人生哲學，闡揚「詩路」的另一種風格。本文精選數帖賞讀，首先品賞〈驚蟄後〉（註②）

哇！好大的能量！
是因為被禁錮在地殼底下太久
以致於一發不可收拾嗎？
就這樣，轟的一聲
它爆發開來……

蟄睡了一冬的動物
被驚醒後，一時呆在那裡
新芽也紛紛從枯枝探出頭來
手足無措地猛眨著雙眼
它們都心生疑懼地問：
「這到底是怎麼回事？」
「那是哪兒竄出來的一頭蠻牛？」
所有的寒冷、枯槁趕緊收拾細軟

狼狽地落荒而逃，空出位置
讓濕潤給蒼白多皺的臉
塗上柔嫩、朝氣和潮紅
讓多彩的音符從蟲鳥的喉嚨成群飛出
不用作曲家便能自動創作出交響曲

「快喔！要大熱鬧了喔！」
年長者滿手捧著力和美
要給年輕小伙子化裝
年輕小伙子卻執意不肯
邊望前蹦跳而去邊叫著：
「不勞外力加工！」
「我們會自動自發！」

一條寬廣平坦的陽光大道直通前方

沿途璀璨著
繽紛的花朵
繽紛的歡笑
繽紛的話語、行動……

「驚蟄」，在陽曆三月五或六日，《農民曆》指稱：「斗指丁為驚蟄，雷鳴動，蟄蟲皆震起而出，故名驚蟄。」原來大地山河田園經過寒冬，迎來了立春雨水，忽然蟄雷初試音量，就驚醒一切蟄伏的蟲類，也同時驚醒大地一切眾生。這首〈驚蟄後〉正是詩寫大地驚醒後，可愛活潑又欣欣向榮的景象，亦詩人之人生願景。

除了節氣的自然生機榮衰，主要當然表現詩人的心境，彰顯詩人對所處環境的敏銳觀察力。如第一段「哇！好大的能量！……轟的一聲/它爆發開來……」起頭便給大家一個高度誇飾的驚奇，事實上是否如此？簡直像轟炸機上掉下一個大炸彈的能量。這個誇飾有如「黃河之水天上來」一樣讓人驚嘆！也讓我見識詩人在運動詩語言的功力，開始就像《功夫》電影創造驚奇！

第二段也很誇飾，但很活潑可愛。其實亞熱帶的南台灣，沒有什麼冬眠的動物，所以這是一首「造境」之作，造境的詩不論「有、無」問題，只要「造」意境。例如王維的「雪中芭蕉」，雪中不能有芭蕉，只是藝術家出於創造意境的需要，欣賞者不覺失真。再如杜牧〈江南春〉，「千里鶯啼綠映紅，水村山郭酒旗風。南朝四百八十寺，多少樓臺煙雨中。」江南方廣多少萬平方公里，此四句皆非實景，而是想像迷離之作，寫自己的獨特感受，整體意境有朦朧之美感，意象湊泊玲瓏，故能傳之後世，成中國人喜愛的經典極品。

雖無動物要蟄睡一冬，但「新芽」確實從蟄冬中驚醒，這個意象是象徵性代表，代表各種生物都從蟄睡一冬中驚醒，「這到底是怎麼回事？」「那是哪兒竄出來的一頭蠻牛？」大家都一陣突然的驚喜。幾家歡樂也有幾家愁，詩人巧思把冬天突然過去，說成落荒而逃，還收拾細軟，真有創意。「讓多彩的音符……作出交響曲」，春天到了，眾生熱鬧起來了！詩人期待眾生當如是。

第四段意涵、意象較為歧義，「年長者滿手捧著力和美／要給年輕小伙子化裝／年輕小伙子卻執意不肯」，這年長和年輕小伙子指誰？大約不外人類社會和動植物界，何者較精確？就留給讀者客倌自己詮釋了。

最後是「驚蟄後」象徵萬物新生向榮，給人以無比希望的感覺，有如一條陽光大道

指向前方。沿著大道向前走，沿途所見盡是繽紛的歡笑、話語……詩人總給人以希望，讓你〈春天忙碌著〉。（註③）

春天忙碌著
忙碌得滿身大汗
忙碌得氣喘吁吁
忙碌得一點空閒都沒有
也忙碌得笑逐顏開，歡天喜地

她忙碌著
忙碌於拿著一支火把
到處去點火：
把乾枯的禿枝點上熊熊的綠芽
把草木枝頭點起各種顏色的花朵
並且叫蝴蝶成為流動的閃爍霓紅燈

她忙碌著
忙碌於揮著一根棒子
指揮會發聲的昆蟲歌唱、演奏
時而是獨唱，時而是合唱
也演奏交響，也演奏小夜曲
時不時也為歌唱伴奏

她忙碌著
忙碌於送溫暖給大地
忙碌於督促懶散者勤奮起來
忙碌於……

是的，她忙碌著
她忙碌得滿身大汗

忙碌得氣喘吁吁
忙碌得一點空閒也沒有

可是她毫不倦怠，整日連夜
笑逐顏開，歡天喜地
她最大的希望是
世上萬物都甦醒過來，活動起來
並且繁榮起來，繽紛起來……

春天化身成一個可愛的她，這「她」是誰？真的，也許真有個她，也許只是擬人化，詩人也是魔術師，經常會把愛人藏在詩的某處。（見第十二章）但我相信，這裡的她正是春天，大地一切全醒了，開市開工開張了，春天當然就有得忙的。但「也忙碌得笑逐顏開，歡天喜地」，越忙表示生意越好。

第二段她忙著拿一支火把，這個意象很鮮活，春天竟有「手」拿火把，做了三件神奇的事，乾樹枝上點燃熊熊綠芽、草木枝頭點出各色花朵、叫蝴蝶成流動霓虹燈。尤其禿枝「點」上和枝頭「點」起，這兩處「點」字，用得妙極了，境界由此而出。與古詩「紅杏枝頭春意鬧」和「雲破月來花弄影」，中的「鬧、弄」二字，都有同工之妙，此亦可見詩人之功力。

還有，她忙什麼？她換成拿一根棒子，她當起了指揮家。「指揮會發聲的昆蟲歌唱、演奏……歌唱伴奏」，這個春天成了「音樂季」，古典的、現代的、合唱或獨唱，她都在行，她是音樂才女啊！她除了會玩會表現，她也關懷山河大地，關心眾生，「忙碌於送溫暖給大地／忙碌於督促懶散者勤奮起來／忙碌於……」這說的是春天，也是詩人的人生哲學，詩人一生以鼓舞世道人心為職志，詩人心志正如春天。

她，應該是他吧！毫不倦怠的忙了半個多世紀，從年輕到老，不忘初心，他以詩救世救人，他最大的希望是，「世上萬物都甦醒過來，活動起來／並且繁榮起來，繽紛起來……」。詩人一生寫作以人道為基點，歌頌人生的光明面，勉人奮發向上。春天，以時令節氣說許公人生哲學。

有點年紀的人常道一句話，「時間跑得好可怕」，我也愈來愈覺得時間的「可怕」，感覺春節剛過，怎麼春節又要來了。詩人有一首〈夏日・青春〉，以春去夏來之快，表達人生如白駒過隙，少年瞬間成中壯。「少年前腳才走／青春便緊跟在後／蜂湧而來

……粗壯已取代了細嫩」。（註④）春天的媚力走了，詩人來到炎炎夏日，以夏天季節給眾生何樣啟蒙？賞讀〈夏日草木〉。（註⑤）

在夏日野地裡
在夏日烈陽下

所有草木展顏歡笑著
所有草木喧聲呼叫著
所有草木全力狂舞著
所有草木推推擠擠地
爭相盡情綻放出自己
勢如一股莫之能禦的大波濤
震撼了我的心

在夏日野地裡

在夏日烈陽下
它們汗流浹背
各自發揮其所能

草木何用？何能振奮人心？當然是詩人「情往感物」與「物來動情」，二者交融產生的「發電量」，給人很大的啟示能量。

草木都展顏歡笑著，人能愁眉苦臉嗎？走出來享受自然美景吧！
草木都喧聲呼叫著，人能坐困愁城嗎？走出來大聲與自然對話吧！
草木都全力狂舞著，人能沈默不作為嗎？走向大自然高歌跳舞吧！
草木都推推擠擠地，人還呆若木雞嗎？大家走向大自然 High 翻天吧！

人與萬物應「爭相盡情綻放自己」，如同夏天，「勢如一股莫之能禦的大波濤」，震撼人心啊！夏天草木給人的啟示是盡情釋放動能，各自發揮所能。夏去秋來，秋天給人的情話是什麼？賞〈秋〉。（註⑥）

一個懷孕著滿城煙雨的少婦鼓腹蹣跚地走著。

她的金色頭髮蓬鬆地垂在她的雙肩和背上。

她的略帶憂鬱的臉上滿掛著想要落蒂的果子。

很多人看見了她。他們問她她所要去的地方。

嗯嗯——她漫不經心地答應著。

她說她要到綠蔭深濃的林子裡去生產。

她說她要去生產幾個甜甜胖胖的娃娃。

這是一首有深意的詩，超越了傳統認知的「秋收冬藏」，提昇到新生命的誕生，增加人口，生生不息的意涵，故說超越傳統認知。所以，這首詩也是意象的創新。

秋天主「殺」至「愁」，古時秋審，死罪秋決，故秋意蕭索。《春秋繁露》說，「春氣愛，秋氣嚴，夏氣樂，冬氣哀。」秋天氣氛總給人肅殺的感受，秋瑾烈士殉難詞曰「秋風秋雨愁煞人」。這悲壯之情境，如何叫我後輩「秋風過耳」！

再者，傳統社會的「秋收冬藏」，秋天是農作物的收穫季節，各種農產品準備秋冬食用，少部份「種子」留作春天播種，並未強調新生命的誕生。

故，〈秋〉一詩，化身一個懷孕的婦女，「要去生產幾個甜甜胖胖的娃娃」。如是，詩人便超越了傳統秋天「愁殺」和「秋收」意涵，提昇到另一個更高的論述層次，讓秋天成為新生命誕生的季節，給人以無限希望。又使秋天「咀咒」變成給人希望的「情話」，這是詩人的「轉念」才有的結果。冬天又以怎樣的情話說詩人的人生哲學，賞讀〈冬天裡的希冀〉。（註⑦）

「冬天走了嗎？」
「沒有。沒……有。」
有些猶豫地
舉著利刃的寒風回答著
沉著臉的陰霾也回答著
還有蕭索和乾枯：
「還沒有吧！」

「春天會來嗎？」
「會的。一定會的。」
肯定地回答著
那些急欲迸出枯枝的嫩芽
那些久被壓抑的人心
還有久違的燦爛笑容：
「耐心等待吧！」

啊，春天一定會來！
多少希冀和期待在心中：
別失去信心
要耐心地等待

嗯，且耐心地等待
也樂觀地等待

等待冬天這暴君崩解
等待必定到來的
那一天
讓陽光、花果和快樂
充滿人間

這首詩最大的意義是鼓舞眾生別失去信心，要永保希望，如詩人在〈只要有一線亮光〉、〈落葉的心事〉、〈拾級〉等作品〈見第六章〉所示。不論面臨任何困局，只要心存希望，就一定有希望重見陽光。

前二段採對話式句，要走的還沒走，要來的急著想來。第一段「各界」都問冬天走了沒？冬天臉色難看，舉著利刃和沉著臉，意象新鮮，也很有新意的表達方式。第二段是要來的（嫩芽）等不及了，形容人們對春天的期待，大家都不喜歡冬天。這裡的春天和冬天，也擬人了，鮮活了起來。

後兩段鼓舞人們要耐心等待，有一天陽光必定灑滿人間。但這首詩有兩處有改進的空間，其一形容冬天是「暴君」，應該起來革命，推翻暴君統治才是積極作為，光是等待太消極，若暴君不自崩解，豈不無限期的等待。其二，四段詩裡，有三段「耐心等待」，似乎太多等待，減少些等待詞句，或許更陽光。

詩人長於田園，一生與農莊農事農田為「生命共同體」，在這自然環境中，他對時令節氣轉換有最深刻的感受，對季節運行與農村生活和人生經驗，有最多的領悟。我發現詩人最喜歡春天，很多作品都是春天意涵，或者春天最能給人快樂和希望。賞讀〈又驚又喜〉。（註⑧）

春天來時
綠，大雨般
說到就到
嘩啦嘩啦地
成群結隊地
爬上樹，棲滿樹
爬上草，棲滿草
爬上田野，棲滿田野

甚至爬上山坡，棲滿山坡
甚至爬上山，棲滿整座山
甚至爬上石頭，棲滿顆顆石頭
硬生生塞給別人活力
硬生生塞給別人欣喜
不讓人說一聲不
那種霸氣
叫人又驚又喜
哈，又驚又喜

讀者客倌，你是否感覺到「又驚又喜」，因為春天的綠意爬滿枝頭，佔滿心頭。「爬」字這樣的用法雖平常，這裡卻讓「綠」完全活了，讓整首詩充溢喜氣洋洋的氣氛，又驚又喜！

總的從「中國第五大發明」時令節氣與中國傳統農村生活的交融運行，那些四季農園農事意象深種在詩人心田裡，成為詩人人生哲學之養分，文學詩歌創作之活水。甚至到了二〇一二年（詩人七十三歲），他所出版的散文集《走過廍仔溝》，全書充滿著本文所述意象、意涵和回憶。如豆香、甕、蕃薯之種種、鬧熱陣、灌溉的意涵、走過廍仔溝、紅龜粿已經變味……（註⑨）光是「廍仔溝」，就夠大家回憶半天。這些述說，我甚有感，因為我也從那個時代一路走來。

時代在變，現代社會似乎一切全變了，但有時似乎傳統還有很大力量拉住大家。只要是中國人住的地方（含台灣），人的生活仍和節氣掛在一起，要過春節、清明掃墓祭祖，而且清明是「民族掃墓節」，以及中秋、冬至等，要做什麼？我們仍和祖先做著相同的事，我們是有歷史、有傳統、有五千年文化的偉大民族。

註 釋

①許其正，《夏蔭－許其正散文自選集》（屏東：自印，民國六十八年八月一日）。

②許其正，〈驚蟄後〉，《盛開的詩花－許其正中英對照詩選》（重慶：環境文化出版社，二〇一二年五月），頁三三一－三三五。

③許其正，〈春天忙碌著〉，同註②書，頁五〇－五三。

④許其正，〈夏日・青春〉，《Stepping》（New Delhi, India, Authorspress，二〇一六），P.

七三。

⑤許其正，〈夏日草木〉，同註④書，頁七六。

⑥許其正，〈秋〉，同註②書，頁二一四－二一五。

⑦許其正，〈冬天裡的希冀〉，同註②書，頁三五二－三五三。

⑧許其正，〈又驚又喜〉，同註④書，頁四六－四七。

⑨許其正，《走過廊仔溝》（台北：釀出版，二〇一二年三月。）

第十章　動物開示，一個人的「啓蒙運動」

古今詩人都喜於詠物、託物，借物表情述志等，《尚書》曰：「詩言志，歌永言」，乃成中國詩學最古老之傳統。託物、借物之「物」可謂無限多，動物、植物、天地萬物都是物，本文僅針對人以外的動物。

傳統詩詞中詠動物甚多，猿鳴、鳥叫、烏啼、馬奔……何其多，各有指涉，但通常和詩人情感有必然關係。如李商穩〈蟬〉，「本以高難飽，徒勞恨費聲。五更疏欲斷，一樹碧無情。薄宦梗猶汎，故園蕪已平。煩君最相警，我亦舉家清。」比喻自己高潔、清苦，感嘆清高「不能填飽肚子」，與蟬的遭遇相同。有言外之音，述宦海無情，如「一樹碧無情」，寫的是蟬，托物起興，說的是自己人生感懷。

再賞崔塗（唐僖宗時進士）〈孤雁〉，「幾行歸去盡，片影獨何之？暮雨相呼失，寒塘獨下遲。渚雲低暗渡，關月冷遙隨。未必逢矰繳，孤飛自可疑。」詩人以孤雁自比，暗示心靈的孤寂，人海茫茫，卻彼此不瞭解，如孤雁失群。「渚雲低暗渡，關月冷遙隨」，冷冷的蒼穹，冷冷的月色，永遠相隨。「未必逢矰繳，孤雁自可疑」，一不小心就中了射鳥人的箭，可要小心！也暗示人生處處有危機。

　　許其正詩作最善於託物借物說法，這是他的風格，最不容易的是堅持一輩子不變的風格，始終以人道為基點，以田園為土壤，啟發人性的光明面，有益於世道人心。這種「許其正精神」，我稱為「一個人的啟蒙運動」，本文託可愛的動物開示，賞讀〈化蝶〉。（註①）

作繭自縛是人家稱説的
蹦跳的青蛙在冬天裡是沉眠的
堅韌的鋼是身經百鍊之物
晶亮的珠寶原來是粗石
儲夠動力的養料後
消化乃屬正常而必然
沉潛和醞釀乃屬必然
消化、消化、再消化
沉潛、沉潛、再沉潛

醞釀、醞釀、再醞釀
忍受孤獨、寂寞時刻
樂接成串的忽視、輕蔑
忍受、忍受、再忍受
樂接、樂接、再樂接
當時候來臨，春天回返
我就化蝶，翩然
飛成一朵閃亮的詩花

昆蟲將變成蛹時吐絲做成巢名繭，被多事的文人捉住把柄，大作文章並負面化、污名化。謂之作繭自縛，自設牢房，自己把自己關起來，走不出去是也；又謂繭絲，苛政猛於虎，苛斂民財是也。對於這些人類的無聊八卦，有意無意間，對蝶等各種昆蟲及其「甜蜜的巢窩」，形成了言語「霸凌」，早已甚為不滿，急欲改變形像。

所以開宗明義，高調宣言「**作繭自縛是人家稱說的**」，都是人族裡的文人把我們污名化，我們昆蟲類可不承認。接著昆蟲類提出合乎科學的「化蝶理論」，包含青蛙沉眠、百練成鋼、彫磨成寶等。可見得昆蟲類比人類聰明，也比人類心胸寬大，昆蟲類絕不會去醜化人類。

關於「化蝶理論」，為何要自作一個堡壘讓自己在裡面「禪定」？另有戰略目的，為韜光養晦、儲夠動力，潛「蟲」勿用，等待飛「蟲」在天的機會。所以，「沉潛、沉潛、再沉潛／醞釀、醞釀、再醞釀／忍受孤獨、寂寞時刻」。當潛「蟲」勿用時，要沉著冷靜，一切都要忍耐，靜觀時局。對外界的忽視、輕蔑等，都要忍受、樂接，只管自己好好在巢裡修行。

當化蝶時機來臨，就是我飛「蟲」在天的世界，「飛成一朵閃亮的詩花」。前面一切的孤獨、忍耐，都是值得的，何況成大功立大業，本來就要很大的努力，須要付出極大的心血代價，這是要向眾生啟蒙的。

這些「蟲語言」「蝶開示」都是詩人的心念轉換，用「蝶語言」向眾生「講經說法」；有緣的讀者你「聽經聞法」後可有頓悟？沒有頓悟有領悟也行。記好，想成功立業，沒有沉潛準備期是不行的，尤其想「飛龍在天」，更要沉潛醞釀充足，儲備必勝之動力戰力，才能一舉奪下江山。「馬王之爭」，馬之所以慘敗，蝶等昆蟲類看在眼裡，都覺得太可惜了，「馬類」不是這個樣子的。是否馬類退化了？這由生物學家去研究吧！我等

睜大眼睛看〈那隻飛鵬〉。（註②）

那隻飛鵬
霍然展翅而起
以雄偉之姿
向前飛去

前面是一片茫茫
前面是一片未知
而它向前飛去
時而高時而低地
以堅定的意志
照亮茫茫未知的前程……

突起的險峻高峰過去了

密雲濃霧過去了
鳴雷閃電過去了
暴風雨過去了

而它仍向前飛去
向前飛去
什麼都會過去

啊，那隻飛鵬
是一隻堅毅不屈的飛鵬
現在，他正以雄偉之姿
在空中展翅向前飛去

這首詩在作者原著裡，詩題飛鵬用「ROC」，文內飛鵬用「roc」，是否另有政治意涵？不得而知，可有可無，但本文不做政治詮釋，roc是傳說中的虛構之鳥，如《老子》

裡的大鵬鳥，用以託物象徵。

這首詩對鼓舞人心助益甚大，但有個盲點，未設目標，到底要飛往何處？就好像一個人苦幹實幹，漫無目標，會有很多白做工，這詩題英文翻譯是「That Flying ROC」，ROC 現在就失去目標了，不知飛往何處？有向東、有向西，這是很危險的。

回到詩意，是比喻人生旅途要勇敢向前行。吾人常言人生無常，沒有誰能保證可以見到明天的太陽！廣泛的人生過程看，確是人人「**前面是一片茫茫／前面是一片未知／而它向前飛去……**」只要勇敢向前行。

任何旅途必有艱險困難，只要勇敢向前行，「**突起的險峻高峰過去了……暴風雨過去了**」，困難一定有辦法解決。在我們所看到各類成功的典範皆如是，失敗為成功之母，只要向前飛去，一切困難都會過去。

詩技上這是「造境」之作，飛鵬是虛構的，情境和過程都是想像力之產物。唯詩人的感情是真，詩人要鼓舞眾生的心念是真，欲啟蒙眾生之志亦真，唯真性情詩作能感人，「那隻飛鵬」正是。在〈展開翅膀〉這詩裡，也有一隻追尋自由飛翔的鳥。（註③）

那隻鬱卒了許久的鳥
立即展開翅膀
甩開所有羈絆
歡唱著
飛向一片無限寬廣的蒼穹
儘管前方有風有雨有烈日……

哇！多好呀！
我大大舒了一口氣

我的詩，也鬱卒了許久了
一發動，便甩開所有的羈絆
展開翅膀
歡唱著
飛向無限寬廣的空間

去盡情遨遊
儘管前方有風有雨有烈日……

哇！多好呀！
我大大舒了一口氣

〈展開翅膀〉這隻鳥和〈那隻飛鵬〉，詩中兩鳥命運不同，前者曾被人類捉去關在牢獄裡，後者天生自由好命，雖然二鳥都是想像之鳥。

「打開鳥籠／那隻鬱卒了許久的鳥」，其實是託物發言，應該就是詩人悶很久了，為何「悶」？男人之悶不外工作和家庭，不可詳說！不可詳說。有一天得到自由，身心都解放了，像鳥飛出鳥籠，「飛向一片無限寬廣的蒼穹」。我相信人生之美好、最好、再好，也不過如此，這要「天命」，求之不可得！

「我的詩，也鬱卒了許久了／一發動，便甩開所有的羈絆」。果然是詩人悶久了，一定是很久沒寫詩。詩人都有的共同經驗，久不寫筆「生銹」，人也會悶，有一天突然身心舒展了，便能「斗酒詩百篇」（杜甫言）。

詩意另有很多鼓舞人生之意涵，這應該是詩人之本旨。欲以「鳥的展翅高飛」啟蒙眾生，「飛向無限寬廣的空間／去盡情遨遊／儘管前方有風有雨有烈日……」。是啊！人生當如是，勇敢飛出去吧！不然，你願意是〈囚鳥〉嗎？（註④）

牠是一隻被囚禁在籠子裡的鳥
曾經有著雄心壯志
曾經展翅在籠外廣闊的天空自由飛翔
也曾經大展歌喉，自由歡唱
如今卻被囚在籠子裡
一再展翅，都被欄柵所阻
鬱鬱寡歡，收藏起歌喉……

是有美食甘露華屋
但是，這些美食甘露華屋
不能滿足牠的願望

牠日日望著籠外的天空
要大展翅膀，自由飛翔
要大展歌喉，自由歡唱
要把雄心壯志展放

只為飛翔本身，不為別的
牠要以自己的姿勢，自由地飛翔
只為抒出心志，不為學舌
牠要以自己的語言，自由地歡唱
牠引頸期盼，有那麼個時候
能讓牠擺脫囚籠，在廣闊的天空
盡情地自由飛翔，自由歡唱……

這是一隻籠中鳥的心聲，有各層次詩意，整齊三段二十一行詩，結構、意涵明朗，相信誰讀都能獲得啟示，很有啟蒙人心的作用。

我是一隻畫眉鳥

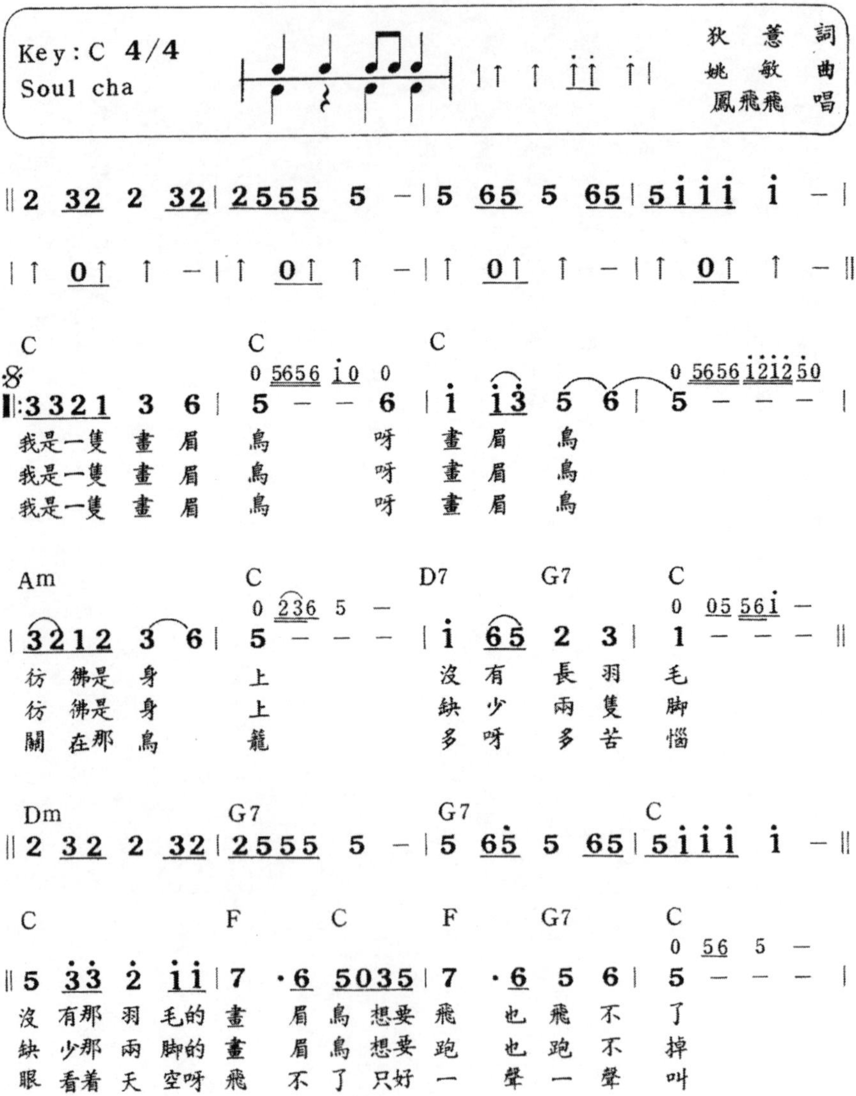

Key：C 4/4
Soul cha

狄薏　詞
姚敏　曲
鳳飛飛　唱

‖2 32 2 32｜2555 5 －｜5 65 5 65｜5 i i i i －｜

｜0 ↑ ↑ －｜0 ↑ ↑ －‖ 0 ↑ ↑ －｜0 ↑ ↑ －‖

C　　　　　　　C　　　　　　C

‖:3321 3 6｜5 － － 6｜i 13 5 6｜5 － － －｜

我是一隻 畫眉鳥　呀 畫眉鳥
我是一隻 畫眉鳥　呀 畫眉鳥
我是一隻 畫眉鳥　呀 畫眉鳥

Am　　　　C　　　　D7　　　G7　　　C

｜3212 3 6｜5 － － －｜i 65 2 3｜1 － － －‖

彷彿是身　上　　 沒有 長羽 毛
彷彿是身　上　　 缺少 兩隻 腳
關在那鳥　籠　　 多呀 多苦 惱

Dm　　　　G7　　　　G7　　　　　C

‖2 32 2 32｜2555 5 －｜5 65 5 65｜5 i i i i －‖

C　　　　　F　　　C　　　F　　G7　　　C

‖5 33 2 ii｜7 ·6 5035｜7 ·6 5 6｜5 － － －｜

沒有那羽 毛的畫 眉鳥想要 飛 也也 飛不 了
缺少那兩 腳的畫 眉鳥想要 跑 也也 跑不 不掉
眼看着天 空呀飛 不了只好 一 聲一 聲叫

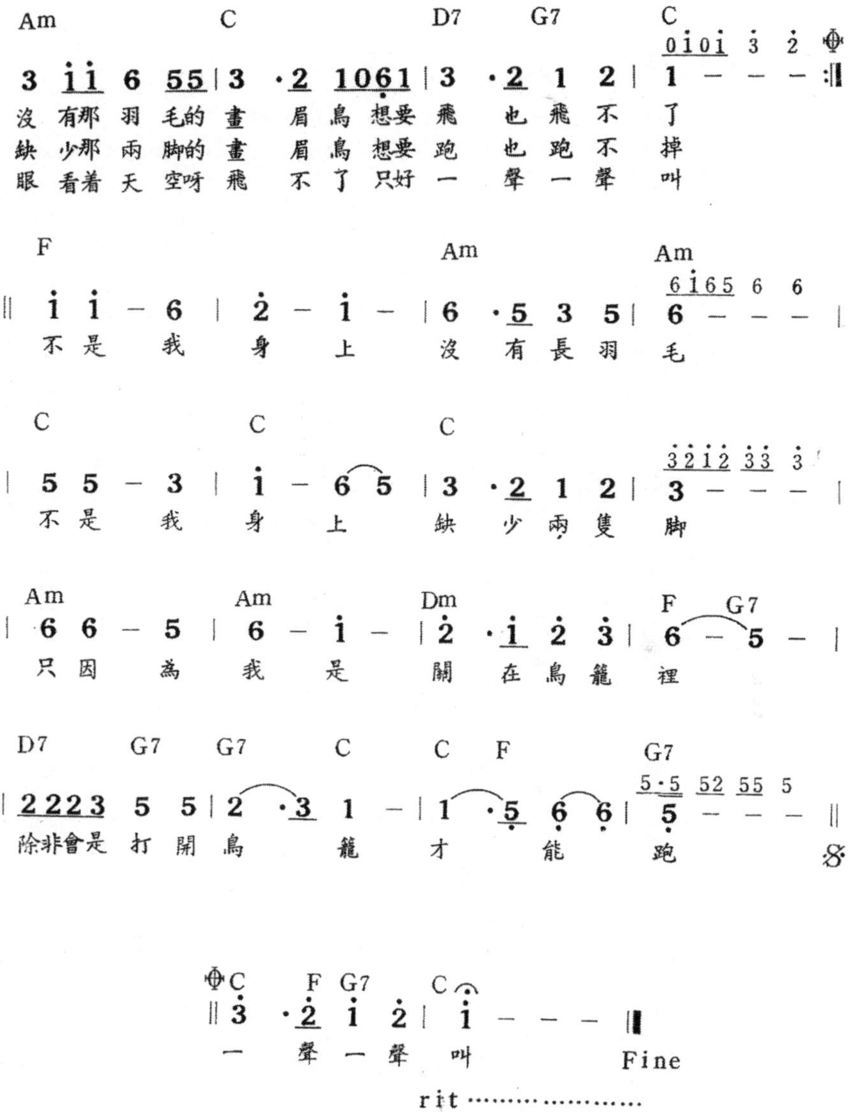

Am　　　　　C　　　　　　　D7　　G7　　　　　C
　　　　　　　　　　　　　　　　　　　　　　　　　　　　　0 1 0 1　3　2
3　i i　6　55 | 3　·2　1 0 6 1 | 3　·2　1　2 | 1　—　—　— :||

沒　有那　羽毛的　畫　眉　鳥　想要　飛　也　飛　不　了
缺　少那　兩腳的　畫　眉　鳥　想要　跑　也　跑　不　掉
眼　看着　天空呀　飛　不　了　只好　一　聲　一　聲　叫

　　　F　　　　　　　　　　　　　　　　Am　　　　Am
　　　　　　　　　　　　　　　　　　　　　　　　6 i 6 5　6　6
|| i　i　—　6 | 2　—　i　— | 6　·5　3　5 | 6　—　—　— |

不　是　我　身　上　沒　有　長　羽　毛

　　　C　　　　　　　C　　　　　　　C
　　　　　　　　　　　　　　　　　　　　　　　3 2 1 2　33　3
| 5　5　—　3 | i　—　6　5 | 3　·2　1　2 | 3　—　—　— |

不　是　我　身　上　缺　少　兩　隻　腳

　　　Am　　　　　　Am　　　　　Dm　　　　　F　　G7
| 6　6　—　5 | 6　—　i　— | 2　·i　2　3 | 6　　5　— |

只　因　為　我　是　關　在　鳥　籠　裡

D7　　　　G7　　G7　　　　C　　　C　　F　　　G7
　　　　　　　　　　　　　　　　　　　　　　　5·5　52　55　5
| 2 2 2 3　5　5 | 2　·3　1　— | 1　·5　6　6 | 5　—　—　— ||

除非會是　打　開　鳥　籠　才　能　跑　　　　　8

　　　　　　⊕C　　F　G7　　C
　　　　　　|| 3　·2　i　2 | i　—　—　— |||
　　　　　　一　聲　一　聲　叫　　Fine
　　　　　　　　rit ·················

〈囚鳥〉讓我想到有一首老歌〈我是一隻畫眉鳥〉，牠們可以說是「天涯同是淪落鳥」，都是苦命鳥。牠們都期待「能讓牠擺脫囚籠，在廣闊的天空／盡情地自由飛翔，自由歡唱」，卻只能在牢中受無期徒刑之苦。

〈囚鳥〉詩中一句「只爲飛翔本身，不爲別的」，這句看似平凡，卻有不平凡的詩意，翻成人類語言是「只為自由生活，不為別的」。可以這麼說「不自由、吾寧死」，自由本身就是生活之宗旨和生活之目的。通常詩意反映詩人之心意，所以這詩的弦外之意，也暗示詩人不願受到任何有形無形的管控，他嚮往自由、自在、解放！他看見蟬是完全自由的，他在〈傾盡全身心力－擬蟬〉就說，「吱吱地，吱吱地，我……我是一隻會發聲的蟬／吱吱地，吱吱地／我要傾盡全身心力／大聲鳴叫／至死不渝……」。（註⑤）可見詩人對自由的堅持，已是「不自由、吾寧死」的境界，我相信這也是詩人一輩子的信念，詩人欲向眾生開示之「啟蒙運動」。

同樣的蟬，在許其正是追尋自由，完成自我實現的象徵；在李商隱則感嘆清高不能填飽肚子，宦海亦無情，都因詩人信念和心境不同。古今詩人以螢火蟲為題亦多，賞讀〈螢火蟲呀，你……〉（註⑥）

你是一盞閃爍的小燈
在這暗夜的鄉間飄飛
螢火蟲呀，你
牽引著我的靈魂出竅
尾隨著你
飄飛向煙霧縹緲處……

那是個無底的深淵呀！

你是一盞閃爍的小燈？
啊，不，你是一顆小星星
閃爍在那遙遠的小農村
朦朧裡，模糊中
我發現它們閃爍著
我童年的點點滴滴……

捉螢火蟲是現代許多人的回憶，而那樣的情境是回不去了，除非第三次世界大戰爆發。（說明：有人問愛因斯坦第三次世界大戰爆發會怎樣？愛因斯坦說不知道，但知道第四次大戰人類只能取石頭相互攻擊。我意：回到原始，螢火蟲才會回來）按愛因斯坦之意，第三次大戰若爆發，核戰將毀滅人類所有現代文明，人類社會重回原始狀態。其實我喜歡人類社會重回原始，回到莊子的「無政府主義」史前時代，那時我們可以天天玩螢火蟲，不是嗎？

這首詩「飄飛向煙霧縹緲處……那是個無底的深淵呀！」境界全出，且有了空靈的想像力，使得詩意情韻無限、意境豐滿。把螢火蟲定位在小燈或小星星，對眾生才有啟示、啟蒙作用。

本文選擇詩人有關蝶、鳥、蟬、螢火蟲等作品，觀察理解詩人捕捉這些動物意象，或經由「物化」化身同類，對人類進行講經說法之啟蒙運動。一生堅定的信念，能不忘初心，可敬可佩，詩人。

註　釋

①許其正，〈化蝶〉，《盛開的詩花－許其正中英對照詩選》（重慶，環球文化出版社，二〇一二年五月），頁二二－二三。
②許其正，〈那隻飛鵬〉，同註①書，頁三八－三九。
③許其正，〈展開翅膀〉，同註①書，頁四〇－四一。
④許其正，〈囚鳥〉，同註①書，頁三二四－三二五。
⑤許其正，〈傾盡全身心力－擬蟬〉，同註①書，頁三四〇－三四一。
⑥許其正，〈螢火蟲呀，你……〉，同註①書，頁一六二－一六三。

第十一章 關於人生之「斷滅」與「不斷滅」

我年輕時相信孔子說的「四十不惑」，但當我過了四十惑更多、五十、六十……我依然有惑，人老了自然也接觸到更老的老人，乃至老人團體。我接觸到一些很老的老人，八十、九十、九十五……極有學問的，老校長、老教授、老作家、老詩人、老董、老總……我發現，幾乎心中仍有惑（疑惑、難解、不知為何的問題在心中糾纏著）。而最大的惑是生死問題，時間遲早要來「拿人」，拿了人是否一了百了，也就是是否「斷滅」的問題！

是否「斷滅」是人生「終極之惑」，因為斷滅之慢慢接近，表示時間一天一天的快速流失，死亡就要來臨。尤其年過半百以後的人，一定覺得好像乘著「超高速死亡磁浮列車」，向死亡目標高速接近，怎不令人驚恐？有誰說他是不怕死的？

有兩種人大概可以做到不驚恐、不怕死，一是修行很高的高僧大德大師，再是不信「斷滅」即不言「斷滅論」。「斷滅」與「非斷滅」是絕對「零和」的，中間並無灰色地帶，所以是「完全是非題」。斷滅者，人生僅有這一世，無前世和來生，故否認因果、因緣、輪迴、三世之說，人死一了百了，不論幹過什麼好事壞事，無天堂、無地獄、無報應，更無西方極樂世界。死了就死了，一切結束了！完了！這是斷滅論者。

大家都知道三世因果說是佛教基本理論（思想），認為宇宙間一切都是因緣法而有，故緣聚則生，緣散則滅，人之生生世世就在這因緣法中輪迴，這是佛陀成道時最先發現的宇宙真理。（說明：緣起法是佛陀「發現」，而不是「發明」，所以就算佛陀未發現，緣起法始終都存在，佛陀才在《金剛經》強調他並未說什麼法。這道理，就像牛頓「發現」地心引力，不是發明，牛頓不去發現，地心引力依然存在。是故，因緣、因果、輪迴、地心引力等，都是宇宙間之真理，信或不信乃個人之事，真理依然是存在的。）在《金剛經》〈無斷無滅分第二十七〉曰：

> 須菩提！汝若作是念：「發阿耨多羅三藐三菩提心者，說諸法斷滅。」莫作是念。何以故？發阿耨多羅三藐三菩提心者，於法不說斷滅相。（註①）

佛陀認為落入斷滅，就會以為不需要修什麼善法，成斷滅偏執，所以修行者不說斷滅相，也不著斷滅相。事實上，大約同佛陀時代，西方學說也支持因果輪迴說，古希臘哲學家暨數學家畢達哥拉斯（Pythagoras, 570~495BC）正是倡導者。柏拉圖（plato, 427~347BC）承襲畢氏學說，可惜後來湮沒了。

到早期的《舊約》聖經和《新約》福音書中，也仍然有因果輪迴說。當時教會神職人員也講傳輪迴觀，人民亦信仰。不幸的是，到了羅馬帝國君士坦丁大帝（Constantine the Great, 272~337），他認為輪迴觀會威脅乃至破壞基督教的信仰，於公元三二五年下令刪除，從此西方社會落入「斷滅相」。又到公元五五三年，羅馬天主教召開第二屆君士坦丁堡大公會議，決議把輪迴轉世判定為異端邪說，全面徹底禁絕。此後的一千五百年間，西方人民思想中沒有輪迴觀，因緣因果三世就別提了。直到二十世紀中葉後，科學研究倡明，西方逐漸有輪迴觀。

對生死學極有研究的慧開法師（台大數學系畢業、南華大學學術副校長），認為三世生命觀蘊含著積極的生命觀架構，提供「生命永續經營」的視野，可以破除「生命斷滅」的謬見，可以消解對死亡的恐懼，打破一世生命觀的侷限。（註②）若能皆清楚明白這「人生真理」，相信時間何時來「拿人」都不怕，因為斷滅說不成立，便無斷滅之恐懼。

以上先為讀者「破題」和理解之簡述，但世上言說容易，身體力行難；叫別人做容易，自己碰上就亂了方寸。我乃相信修行境界很高的人，能從容面對死亡，不驚不怖，不疑不惑，尤其佛法言「眾生覺悟便是佛」。只是眾生覺悟者極少，能覺悟到佛的境界更是極極少，絕大多數人面對一天天老，「終點站」越來越近，心頭都是發慌發毛的。都在「搶時間」，就怕來不及了。但每個人應付時間的態度是不同的，層次高底意義亦有別。

本書研究主角詩人許其正，他的修行境界達到多高層次，我不得而知，但從研究他的作品，他已有「打敗時光」的境界（詳見第四章）。畢竟未達佛菩薩境界，他心中依然有惑，本文針對人生的生死問題，時間一天天迫近，詩人在作品裡如何表述他的面對態度，賞析並解讀，這亦窺其人生哲學之一斑。首先賞讀他的一首微型詩，〈時光的金馬車〉（註③）

時光的金馬車在額頭的原野上狂奔
一頭精壯的獅子意圖予以阻止
卻被撞得屍骨不全，血肉模糊……

這首詩微而意無限，彰顯了人們的「斷滅恐懼」，「一頭精壯的獅子」是誰？就是我們這些「搶時間」的人，企圖要避開時間的追殺，想追求三不朽、長生不老或青春永駐的人，阻止時間來拿人。結果呢？「卻被撞得屍骨不全，血肉模糊……」所有眾生與時間爆發的戰役，全都慘敗收場，有如一次次的「徐蚌會戰」。

「時光的金馬車」極有想像力的比喻，金馬車跑得極快，從年初到年尾好像只是瞬間，老友碰面都說「好恐怖！怎麼這一年突然就過了！」心頭一片寒冷的〈雪景〉。（註④）這是斷滅引起的恐懼。

面對一片雪景
我站在這裡
面對著一片雪景
這是一片佔地很寬廣的雪景
伸展向無盡的遠處……

白茫茫的一大片，不但
不消融，而且越伸展越寬廣
我看得心驚
我越看越覺寒冷越發顫抖
一片越看越寒冷越顫抖的雪景
一片越看越覺寒冷越顫抖的白髮

好詩不僅引人共鳴，也扣人心弦，這是想像「造境」之作，這是雪景（想像之境），更是「黑白無常」，這片雪景竟可以「伸展向無盡的遠處……」，表示時間的影響力是無限遠的。如此，便將詩意擴張到無限，相對的突顯生命的有限、短暫，而不論你是否相信「斷滅」？你不過是極有限的肉身凡夫，面對時間一天天迫近，眼看就要「拿人」了，能不驚恐乎？

人類面對時間竟毫無抵抗力，只有極高的智者能對時間的威力化解破除，如《金剛經》所述三千大世界都是因緣和合的假相；又如愛因斯坦說，「人類所知的時間、空間和物質，都是假相。」（註⑤）眾生之中，大智者有幾？大悟者何在？我等俗子面對時間，如〈大浪〉襲來，我們只能掙扎。（註⑥）

一波大浪洶湧而來
青春便紛紛枯黃凋謝
新苗隨之迸發

宇宙萬物化育的魔法
任何巨大力量
都無以抵擋的
大浪！

大浪，歲月的大浪

這首詩雖也表達了人們面對時間的無力感，更大的意義在肯定生死是「宇宙萬物化育的魔法」，生死本是大自然維持生生不息的「有機機制」。詩意之外，也暗示「不言斷滅」之信念，因緣因果輪迴才是自然法則。所以，死亡是自然界最偉大的發明。試想，若眾生都不死，人人長生不死，這世界成何樣景像？恐怕光是老人年金就拖垮地球上所有國家，地球也容納不下「無限多生物」！「青春便紛紛枯黃凋謝／新苗隨之迸發」，才是王道，大浪就讓它來吧！不要死命抵抗，也不要掙扎。時間，你是完全〈抓不住〉它的。（註⑦）

抓不住牠
就是抓不住牠

一次，一次、再一次
用力，用力，再用力
想盡辦法，無論如何
就是抓不住牠

原來牠身上天生
具有滑溜的黏液
原來牠是一隻
滑溜的鰻魚，一隻
滑溜的
時間

在我很年輕的時候，有位老長官問我：「一個很忙的人和一個很閒的人，誰會有時間讀書？」我答：「很閒的人。」老長官說：「錯，大錯特錯。」他說了道理，我恭敬受教，此後我領悟了「時間管理」這門功課，許多「春秋大業」都是零碎時間完成。

就形而下言，時間是抓得住的，所謂企業管理、戰場管理，時間管控都是核心要務。一場戰役的勝利，一項大業的完成，都是在「正確的時間點」，下達了「正確的決心」，以「正確的時間管理」逐一完成的。

就形而上言，時間在三世因果中流轉，一切現象緣聚則生，緣散則滅，人在六道中輪迴，時間是「抓不住」的。凡是企圖抓住時間，叫時間不要向前狂奔，讓自己長生不老，都註定要慘敗的。

時光是難纏的東西，抓也不是，不抓也不是，大家都說平常心看待，把它當成一個老友，你們靜坐飲茶。或者，它玩你，你也玩它，看它變把戲，賞讀〈我看見時光〉。（註⑧）

我看見時光急急
穿墻越户而入，然後
橫過透明的空間
進入我的內裡

以細絲般的眾腳，赤裸的肢體
它到處遊走著
碰碰撞撞，觸觸摸摸

所到之處
芽發、葉長、花開、果結
成就一個光輝燦爛的園子

當我正想請它稍坐片刻一談
它竟然又急急橫過透明的空間
穿墻越户而出，不知所往

不料就在這瞬間
忽然墻腐，墻傾
嘩嘩轟轟，飛灰飄散，灑我
滿頭白雪，整身整臉皺紋、枯槁
令我不住疑惑……

這首詩很有意思，把時光具體化、物質化成為可見可感的「人物」，但又讓它和鬼神一樣可以穿墻而過，遊走於不同空間，來去自如，甚至進入人體內。再者，加上一些情節，成為一首故事詩。

第一段詩人看見時光急急而來，這應該有點年紀了。看見時光穿牆而入「進入我的內裡」，所指為何？可以有很多想像，最合理的詮釋是時光「入侵」一切東西，讓一切生生不息。如此，接第二段「所到之處／芽發、葉長、花開、果結／成就一個光輝燦爛的園子」，這便順理成詩了。詩外之意，也表示生命輪迴是自然之事。

第三段時光來去忽忽，片刻間「它竟然又急急橫過透明的空間／穿墻越户而出，不知所往」，這不就是人生如白駒過隙的意象，真是極有創意。但第四段緣盡又滅，似乎一切歸於斷滅，「忽然墻腐，墻傾……令我不住疑惑……」終究人就是人，無論如何修行、如何覺悟，也達不到佛或菩薩的境界，而使心中依然有惑，到底人生是「斷滅」或「非斷滅」？令我不住疑惑……筆者心中的惑恐怕比許哥多吧！

我認識許其正不過這幾年的事，《華文現代詩》同仁約每季聚會一或兩次，碰面時間不多，許先生沉默寡言，我是經由研究他的作品去認識他的。中國詩人主張要「文如其人、人如其文」，也就是「人品」和「詩品」是一致的，不能分離的。所以我經由詩品讀人品，是完全正確的，我們現在都一把年紀了，碰面總說「歲月不饒人」。歲月如湍急的河流，「河水越來越湍急，越高漲……逝者如斯夫，不捨晝夜！」（註⑨）孔子雖一代聖人，照理說他已算三不朽，獲得永恆的「法身」。但若照佛法的三世輪迴觀，孔子大概也算「斷滅」論者，他又以為「不知生焉知死」，只知今世，不知來世，所以才感嘆逝者如斯夫不捨晝夜。聖人、詩人、俗人，都想抓住歲月的尾巴，我們共同〈給歲月〉請求。（註⑩）

歲月，你跑得快如
奔馬，疾如迅雷
一意往前直走
既不回頭，也不理睬我

曾經向你請求讓我回到童年
可以再次恣意遊戲，無憂無慮
曾經向你請求還給我
黑髮、潤膚、皓齒、明眸

曾經向你請求再次給我
亮麗的笑靨，燦美的青春
曾經向你請求……
唉，你就是沒能給我

是否你跑得太快
沒能聽見我的聲聲請求？
只見你一意往前直走
既不回頭，也不理睬我……

這首詩道盡我們捨不得、放不下、悟不透的執著，當然詩人並沒有真的向歲月請求，要重回童年青春，這是「造境」之作。確實，吾等從出生以來，被教育要成家立業，我們也積極打拼，終於也「五子登科」了，而青春也不再了。但打拼一輩子，「家大業大」，要放下談何容易？就算大企業家王永慶活到兩百歲，叫他放下一切，放心西去吧！他還是不願意的，這是人生面對「斷滅」的困難處。若人能修行到《心經》所言，「照見五蘊皆空，度一切苦厄……乃至無老死，亦無老死盡……心無罣礙，無罣礙故，無有恐怖……」。到此時，我等便不求於歲月，因為一切都「不生不滅、不增不減」。既然無老無死，無生無滅，那有什麼好斷滅的？有什麼好放下的？有什麼好請求的？有什麼好恐懼的？人本無「死」可死！

註　釋

①可見任何版本之《金剛經》，本文採用星雲大師，《成就的秘訣：金剛經》（台北：有鹿文化，二〇一一年二月二十一日，初版三十五刷），附錄二。

②釋慧開，《生命是一種連續函數》（台北：香海文化，二〇一四年七月）見〈生死探索〉、〈輪迴的現代理解〉篇。

③許其正，〈時光的金馬車〉，《華文現代詩》第五期（台北：文史哲出版社，二〇一五年五月），頁五一。

④許其正，〈雪景〉，《盛開的詩花－許其正中英對照詩選》（重慶：環球文化出版社，二〇一二年五月），頁二五四－二五五。

⑤愛因斯坦確實這樣說，現代科學也一一證實了。趣者可自行查閱愛因斯坦和科學相關文獻，

相信並不難查知，愛因斯坦另外也說，「所有的宗教，經得起科學檢驗的，只有佛教。」最近量子科學證明了西方極樂世界的存在，這已是「舊聞」了。

⑥許其正，〈大浪〉，《Stepping》，New Delhi, India, Authorspress，二〇一六），P.一〇七。

⑦許其正，〈抓不住〉，同註④書，頁一八二－一八三。

⑧許其正，〈我看見時光〉，同註④書，頁一七四－一七五。

⑨許其正，〈流矢〉，同註⑥書，頁一三四－一三五。

⑩許其正，〈給歲月〉，同註④書，頁一八〇－一八一。

第十二章　情詩，把情人藏在「金詩屋」裡

說實在的，活了幾十年，尚未見過「老婆就是情人」的案例。難怪那些大智者思想家說，「婚姻是愛情的墳墓」，這應該也算定律了，但我似乎發現了例外，有例外就不叫定律，定律不能有例外。身為男人，一生沒有一個情人，多麼悲哀！

我「似乎發現例外」，是我研究這位詩人許其正，從他的作品和資料顯示，加上以真性情判斷，他的太太也是他的情人，且將「情人兼老婆」藏在「金詩屋」裡。能如是者，真乃天下最幸福的男人，最幸福的詩人。

當然，這是一個成立的假設（Hypothesis），假設並不是「假的」，而是「真的」，可驗證「為真或為假的」。所以，假設乃建構在真實並可驗證的基礎上。本文雖賞析詩作，乃不離對真的追求，唯其真性情才是美善的。賞讀〈日出〉。（註①）

黎明了。蜜子

黑暗猶在，寒冷猶在

妳的憂鬱濕濕如昨
黎明了。蜜子

東方微白，太陽未出
妳的憂鬱太濕，蜜子
東方燦爛的日出就要展現了
日出時，你的憂鬱就會雲散

望向東方，蜜子
東方漸漸醒了
那麼律動，那麼振奮
望向東方，蜜子

望向東方，蜜子
紅色的頭顱漸漸地探出頭了

那麼光亮，那麼多彩
望向東方，蜜子

太陽漸出，東方漸亮
在這光明的綴飾下，蜜子
妳的這種姿勢真美
妳的這種步伐真鏗鏘

起，起，用力
啊，太陽出來了！蜜子
妳的憂鬱已經完全雲散
現在，天氣漸漸暖了

這位「蜜子」是許其正的夫人，詩人在二十九歲那年和林蜜小姐結婚。在詩人半個多世紀的現代詩創作精品中，有不少詩寫「蜜子」的情詩，妻子又是情人（這是應然判斷），實在是現代社會極稀有「物種」。現代社會（尤其台灣社會）日趨野蠻化，形成一種「類人退化論」，如此發展下去，數十年內這稀有物種必定是同那長毛象一樣，滅絕了。

世事極弔詭，必待物以稀才貴，當貓熊（或熊貓）快沒了才成寶物，大家才視為珍貴。「妻子也是情人」亦同理，世間已難有這樣的案例，我像牛頓發現地心引力，如佛陀發現緣起法，我發現許其正情詩裡藏著世間最美的故事，以如是心境寫本文。

〈日出〉六段，以黎明、東方微白到太陽昇起過程，啟示並象徵蜜子心境的轉變，很有創意。蜜子大概是多愁善感的女孩，這裡的「憂鬱」並非醫學名詞，而是文學意涵，一種愁慮淒美的心境，弱不禁風、楚楚愛憐的美感。面對這心愛的女孩，詩人欲鼓舞她，讓她更陽光！

黎明了，黑暗猶在，寒冷猶在，是心境未開。「妳的憂鬱濕濕如昨」，大概昨天她掉下了「愛的淚珠」。

東方微白了，燦爛的日光就快出現，日出時妳的心境就會雲開霧散，妳的憂鬱也將隨雲彩飄散，要迎向陽光。

蜜子，妳要望向東方，東方漸漸醒了。東方代表新的希望，可以振奮人心，蜜子振作起來！

日出漸漸展現，東方亮起來了，蜜子，妳看東方。

蜜子迎向東方了，精神振奮。「妳的這種姿態眞美／妳的這種步伐眞鏗鏘」，蜜子的美，因為愛的力量！太陽出來了，蜜子心中的太陽昇起。「天氣漸漸暖了」，是蜜子心中的寒冷不見了，心裡滿滿愛的暖意。

有情人真好，隨時可以「肉麻兮兮」。他有一首〈春〉，「妳一來，蜜子，冬就走了……讓我摟著妳的腰，蜜子，我要躺在妳濃密的綠蔭下……」（註②）幸福啊！難怪世人皆歌頌愛情，史上未見有頌揚婚姻的作品，很弔詭。但那是一個簡單的道理，情人如春風，老婆如冬風，若是老婆兼情人如〈春風〉，那就真善美了。（註③）

春天到了。我知道
妳的臉是春天的源泉
把妳的臉朝向我吧！蜜子
妳的臉上有醉人的溫暖
妳的臉上有微笑的美麗花朵

啊，妳的臉上種著閃閃的陽光
妳的臉上種著三月細碎的腳印
蜜子，妳的臉上種著醇美
種著，啊，種著綠色的迷宮
以及使我的情感伏服的語言

把妳的臉朝向我吧！蜜子
我要飲妳甜甜的微笑
飲妳濃濃的溫柔和豐滿
飲妳濃濃的甜蜜和純潔
把妳的臉朝向我吧！蜜子

這就對了。蜜子
當妳把臉朝向我，現在

我就感覺到我全身的渴望已被妳吹綠
妳的秋波正迴盪在我的胸中呢，蜜子
我要告訴妳，妳的秋波很亮，很響……

談過戀愛的人都知道，情人是永遠的春天，情人的一切都是美好的，她是醉人的春風。「**妳的臉上有醉人的溫暖／妳的臉上有微笑的美麗花朵**」，正是情人眼裡出西施啊！這種情境維持短暫「戀愛時期」不難，要維持數十年一輩子的「婚姻生活」，不知天上人間何處有？

「**種著綠色的迷宮**」句有弦外之音，「迷宮」通常須要花心思應付，不是容易「出宮」的。象徵著，女人不論為妻子，或為情人，都是難纏的，應付一時好辦，要應付一輩，絕對需要一些「戰略高度」的手段。

大凡情詩，「性」的吸引力是重要養分。所謂情人而完全排除性的誘引，成為「柏拉圖式愛情」，吾以為那已非愛情，那種情詩亦非情詩。我們「凡人」的情詩有性愛意涵，如「**我要飲你甜甜的微笑／飲妳濃濃的溫柔和豐滿／飲妳濃濃的甜蜜和純潔**」，全詩一再「**把妳的臉朝向我**」，都是一種深刻愛意的暗示。

「當妳把臉朝向我」，我的臉當然也是朝向妳，這不就是「愛的姿勢」嗎？「我就感覺到我全身的渴望已被妳吹綠／妳的秋波正迴盪在我的胸中呢，蜜子」，「吹綠」，綠代表生機鮮活，真是夯啊！自古以來，詩人要寫情人的嫵媚、婀娜，有無數種形容。賞讀這首〈妳是一朵盛開的玫瑰〉。（註④）

妳是一朵盛開的玫瑰
綻開得如此嚴肅，如此認真
仰望妳，蜜子
我目眩於妳的輝燦
仰望妳，蜜子
我迷失於妳的眼中
仰望妳，蜜子

這一剎那便已永恆
（寧願被目眩，被醉倒，被迷失
蜜子，我都要仰望妳）

妳是一朵盛開的玫瑰
綻開得如此嚴肅，如此認真

形容女人是一朵盛開的玫瑰，是很平常的寫法。但盛開的如此嚴肅和認真，應該是指蜜子是比較嚴肅和認真的女人。詩人不論長詩短詩，都善於運用疊句，重複強調的感覺，也讓段落有可接軌之語意。

這首詩一再用「仰望妳，蜜子」，似乎在仰望一位「德高望重」的大師。詩外之意，可能這位妻子兼情人亦兼詩人的「人生導師」，或至少對詩人有重大幫助，助夫成功而又不居功，這樣的女人也是天下之「奇貨」，天上掉下來的寶物啊！

有這樣的好女人、好妻子兼好情人，我「寧願被目眩，被醉倒，被迷失／蜜子，我

都要仰望妳」。想必誰都願意，筆者也願意啊！苦無天命吧！賞讀這首〈互握著手〉。（註⑤）

互握著手，蜜子
以手指無言地傾吐
傾吐全心靈中的愛

這是個世界，聲音語言之外的
惟心靈在此對話
我知道，蜜子，相信妳也知道

「何等的純淨在我們的愛情裡！」
這裡不再有痛苦憂愁了
這裡充滿著快樂、幸福和愛……

啊，已升到一個高的聖潔的境界了
我是的，蜜子，相信妳也是的
啊，已升到一個高的聖潔的境界了

互握著手，蜜子
以手指無言地傾吐
傾吐全心靈的愛

這首詩有其平凡與不平凡、好解與不好解之處，表達出兩種層次的愛。「互握著手」就是牽手，詩人大概為創新用法，不用老套的牽手，夫妻即已牽手。老夫老妻還能牽著手散步也不多了，有亦「以手指無言地傾吐／傾吐全心靈中的愛」，因已無話可說了。

夫妻還能共享這樣的無言世界，是幸福的，更是可貴珍惜的。「這是個世界，聲音語言之外的／惟心靈在此對語／我知道，蜜子，相信妳也知道」。到此，詩意情意還在平凡人之內，詩情易於領悟。

後兩段不平凡，不好解，似乎已非人世間的愛，或柏拉圖式的愛，不食人間煙火了。

「這裡不再有痛苦憂愁了／這裡充滿著快樂、幸福和愛……」，「這裡」是那裡？除了王子和公主的城堡，就是仙界了。

「啊，已升到一個高的聖潔的境界了／我是的，蜜子，相信妳也是的」，愛情到達「聖潔」的程度，已非凡人的愛，是「神仙眷屬」吧！或夢中情人。就賞讀一首夢中情人〈望星橋〉。（註⑥）

夜幕的輕紗徐徐降下
覆罩妳，擁妳入夢
夢裡，妳在遠方
在遠方，妳朦朧，如在霧中
惟眸子明亮成燈
明亮成永恒的北極星
在遠方，妳凝我以明眸中的星光
灑在我身上，灑在我心上

流入雙溪裡
匯成一河明鏡
鏡中
妳的情語綿綿，妳的情語潺潺
向上浮，浮起這座橋

這座橋，是的
這座橋是望星橋
夢裡橋，霧中橋，情人橋
在橋上，如在夢裡，如在霧中
如在絲絨般柔軟的情語中
我抬頭，抬頭望妳明亮的眸子
啊，蜜子，只要這樣就夠了
只要這樣望著妳的眸子
我就醉了，蜜子

我就什麼也不再祈求了
我就什麼也不再祈求了
在夢裡，在霧中
就如同在樂園
望著妳的眸子
時間不流，年輕恆在
啊，我什麼也不再祈求

這首詩的佈局有如幻境，是給夢中情人的情詩，相信每個男人都有自己的夢中情人。她可能是初戀情人或舊情人，或某一階段曾經是情人，感情結束後成為永恆的夢中情人。但〈望星橋〉裡的情人依然是蜜子，在真實世界裡是妻子也是情人，如今又幻化成夢中情人。

「夜幕的輕紗徐徐降下／覆罩妳，擁妳入夢」，這是多美妙的情境，雖在夢中，她的眼神可以亮如北極星，這表示她在詩人心中有重要的地位。

什麼樣的愛可以成為永恆？她可以成為他的希望，雖然像在幻境中，詩人依然聽到「妳的情語綿綿，妳的情語潺潺／向上浮，浮起這座橋」。這情人橋原來因蜜子的愛才浮出來的，因為有蜜子的愛，就一切都夠了，滿足了。「只要這樣就夠了……我就什麼也不再祈求了」。人生多麼的弔詭，有人擁有金山銀山仍不夠，詩人只要有蜜子的愛就夠了！

所謂一剎那便是永恆，真有這種事？詩人把曾經擁有的愛情、愛人，藏在他的「金詩屋」。身為一個田園詩人，他願意一輩子守著田園，他要的不是金山銀庫，他要的是用詩把愛化成永恆。說簡單很簡單，亦不簡單。

詩人另有幾首給蜜子的情詩都深值賞讀，〈雨，山徑上〉，「踏穩腳，跨上去，蜜子／再跨上去天就晴了」是對情人的鼓舞。（註⑦）〈蝴蝶．結〉則是這對情人從青梅竹馬一路走來，「她頭髮上綁的是情，他抓的也是／兩人從此結伴在一起／由少年而青年而壯年……都幾十年了」。（註⑧）這完美的愛情，人間天上少有，難怪詩人以最美的「金詩屋」，將蜜子藏於其中，將隨著詩人作品進入永恆的唯美世界。

註釋

①許其正，〈日出〉，《盛開的詩花－許其正中英對照詩選》（重慶：環球文化出版社，二〇一二年五月），頁三〇－三一。

②許其正，〈春〉，同註①書，頁四四－四五。

③許其正，〈春風〉，同註①書，頁四八－四九。

④許其正，〈妳是一朵盛開的玫瑰〉，同註①書，頁一四二－一四三。

⑤許其正，〈互握著手〉，同註①書，頁一五〇－一五一。

⑥許其正，〈望星橋〉，同註①書，頁一四六－一四七。

⑦許其正，〈雨・山徑上〉，同註①書，頁三二四－三二五。

⑧許其正，〈蝴蝶・結〉，同註①書，頁三二八－三三〇。

第十三章 諷喻與警示，關於環保與生態問題

諷刺、比喻都是各類文學作品常用技法，從古至今，中外作家有無數諷喻作品，比喻使文章更加生動，尤其經由具體真切的比喻，不但拓寬文境視野，更能和讀者產生貼心的共鳴。

而諷刺、反諷，看似負面文詞。但若針對名實不符、表裡顛倒等事，警惕揶揄，造成幽默諷刺的趣味，往往可以產生警惕世道人心的效果；或自我解嘲，製造另類詩文趣味。如《左傳》〈秦晉殽之戰〉，秦將孟明（姓百里，名視，百里溪之子）戰敗，被晉軍擒獲，後遭釋放，至途中，晉襄公後悔，派陽處父（晉大夫，又叫楊子）追趕。等追到邊界黃河岸，孟明已上船；陽處父心生一計，假借襄公要送孟明馬匹名義，企圖騙孟明上岸擒之。然孟明亦非等閒人物，早已洞穿對方居心，於是回答說：

君之惠，不以纍臣釁鼓，使歸就戮於秦。寡君之以為戮，死且不朽；若從君惠而免之，三年將拜君賜。（註①）

最後兩句「若從君惠而免之，三年將拜君賜」，表面上說蒙受晉君恩德免於一死，三年後我將回來拜謝晉君。實際上真正意思是「君子報仇，三年不晚」，三年後，我將回來一雪前恥。像這樣的顛倒論述，史上作品不計其數，現代詩也是常用技法，如向明的詩：（註②）

我看著
健壯的我自己
還有與我一樣高的孩子們
這一群
她心愛的
罪魁禍首

——〈妻的手〉——第三小節

中國自古以來的山水田園詩人，如陶淵明、孟浩然、王維，乃至竹林七賢等，雖隱於山林田野，本質上對當代政治、政局、社會、環境等，依然是關心的，此無疑義。我研究許其正的田園詩，深覺他的詩作，是吾國山水田園詩派陶孟王以降，最傑出的田園詩人，民國以來雖也有詩寫田園的詩人，但質量風格都不如許詩。本文針對許詩為關懷環保而有低度批判，並以諷喻突顯問題者，舉數首賞析，〈他們是生態保育專家？〉。（註③）

他們是生態保育專家
他們這樣自誇
彷彿除了他們再無他人

他們常常拿著書本作憑恃
他們能說出某種動物的身長
他們能說出某種植物的樣子
他們能舉出他們的說法是有所本的
他們還筆之成文，發表出來

並彙集成書，獲得大獎
他們運用來騙票當選市長、民意代表甚至總統
是的，他們是生態保育專家

他們大剌剌地說落地生根是蕃薯
他們大剌剌地說台北市沒有蟬
他們大剌剌地說竹子是用種子種出來的
他們大剌剌地說蚯蚓會鳴叫
他們大剌剌地說螻蛄是土蟋蟀
他們大剌剌地說小時候和同伴爬到蕃茄樹上玩遊戲
他們大剌剌地說下雨時鳥兒成群飛翔鳴叫
他們大剌剌地說抓伯勞是用的網子
是的，他們是生態保育專家
可是，有一天，他們到鄉間看到溫馴的牛
卻說那是長了兩支角的怪物，嚇得不停發抖

他們不是生態保育專家嗎？
這我可不敢說了
因為他們自命是專家
我沒資格給否認
因為我是從小在鄉下成天捏泥巴吃泥土長大的
這種土包子沒有辯才，沒有書本作憑恃
再怎麼講也講不過他們
乾脆不講也罷！
就讓他們去自誇他們是生態保育專家吧！

讀了我國古代經典《左傳》裡孟明答話，「若從君惠而免之，三年將拜君賜」，再賞讀許其正〈他們是生態保育專家？〉一詩，第一段「他們是生態保育專家」，第二段「是的……」，到最末「就讓他們去自誇他們……」。真是絕妙，古今作品的反諷功力同樣令人拍案叫絕！

第二段諷刺都市裡一些學者專家，從未到鄉下見過動植實物，僅在課本上研究，寫一堆論文。「並彙集成書，獲得大獎/他們運用來騙票當選市長、民意代表甚至總統」，他們就說是生態保育專家，這原來都是政客自導自演的騙局，但真相何在？在許其正散文集《走過廍仔溝》〈落地生根〉一文有如下一段話。（註④）

把落花生說成是落地生根，台北市陳水扁市長是始作俑者。在去年競選市長期間，他的宣傳品（看板）畫的是落花生，寫的卻是落地生根，他選上了台北市長。最近國代選舉，竟然有人「東施效顰」，依樣畫葫蘆，想當然是希望和他一樣選上。選舉結果，他也選上了。眞是奇哉怪也！那根本是錯誤的。

就是這樣，世上很多事錯的太離譜，太詭異，而眾生沒感覺，任由政客牽著鼻子走，未來的後果會很嚴重，詩人看不下去了，在〈落地生根〉這篇散文他提出糾正。

第三段連續大刺刺是不斷強調那些事，都市裡那些保育專家從未到鄉村見過實物，太多人「天天吃豬肉、未見豬走路」，雞鴨鵝分不清，以為蕃茄樹比松柏高，以為西瓜長在樹上，以為……而他們自命是生態保育專家，這裡反諷的太神妙了！

詩人從小在農莊長大，天天捏泥巴吃泥巴過來，他乾脆不講了。「**就讓他們去自誇他們是生態保育專家吧！**」這首詩除詩藝技巧外，主要表達真正的生態保育專家要從自然觀察起步，名實相合才是王道。保育專家而「吃豬肉沒見過豬走路」，那真的只是鬧笑話！賞讀另一首〈從砂石場邊走過〉。（註⑤）

從砂石場邊走過
彷彿從屠宰場邊走過
只聽哀嚎聲聲
只見血水紛飛
只聞腥羶濃濃
你目瞪口呆？
你心驚肉跳？
還是視若無睹？

山林被噬於濫墾濫伐之口

純淨消瘦於步步進逼的污染
臭氧層被鑿開孔洞
土地為砂石場所掏空
鮮綠被蠶食鯨吞於水泥叢林
大自然啊，人類啊
你還能逃嗎？
你逃到那裡？

土石流緊追在後
走山橫阻於前
洪水滾滾，要淹沒你
它們將你團團圍住
伺你以黑暗、孤獨和淒冷
造物都無可奈何
你還能逃嗎？

你逃到哪裡？

這些年來，河海大地毒化、北極冰山溶化、氣候無常劇變、地球加速暖化、核災基改食物、物種大量滅絕……人類自造各種災難，統合成「地球第六次大滅絕」，且已成不可逆之勢，一切的挽救都是「白做工」。也就是說，人類文明的滅亡已成不可逆，只是不知道哪一天到，科學家說「很快」，多快？

地球第六次大滅絕已不可逆，科學家確是這麼說的，我等豈不只能等死！詩人寫這些何用？這個命題如同存在主義所強調的，人一出生就開始邁向死亡，人生旅程就是大家急著奔向死亡的旅程，這也太荒謬了。我們是否就坐等死亡的來臨？或乾脆提前自己了結？豈不痛快！可另見第三章論述。

台灣的砂石場很多人見識過，有誰如詩人之感受？「彷彿從屠宰場邊走過／只聽哀嚎聲聲／只見血水紛飛／只聞腥羶濃濃」。這驚恐的詩語言，確實叫人心驚肉跳，但這是一個警示手法，警示大家，我們對自己水土環境破壞的如此嚴重，大家還能視若無睹？

第二段進一步說破壞了哪裡？山林濫墾、臭氧層破洞、開發過度導至綠野大地不見了。我認為這些是無解的習題，一者人口太多了，須要耗掉大量資產，再者，人類是有史以來最可怕的破壞者和掠食者，光是基本需要就搞垮地球。現在火星移民正夯，搞垮了地球也是很久以後的事，「你還能逃嗎？/你逃到哪裡？」未來若有一天要逃，也許通往火星的交通已很進步了！

只是眼前的災難躲不掉，詩人如是警示「土石流緊追在後/走山橫阻於前/洪水滾滾，要淹沒你/它們將你團團圍住/伺你以黑暗、孤獨和淒冷」。人生，苦啊！加上無窮盡的政治災難、天災人禍、紅羊浩劫……痛苦，佛陀說這裡是「濁惡世界」。看來要快樂的活著，不能深入看太多問題，詩嘛！欣賞就好。但〈台灣黑熊〉不能不看，牠至少和大家長在同一塊土地。（註⑥）

台灣黑熊已經少到快絕種了

全身佈滿漆黑絨毛
雄壯碩大，體力超強
看似愚拙，卻富於生命活力

老實忠厚，不主動攻擊人
獵人卻貪婪，昧著良心
千方百計設下陷阱
讓忠厚無戒心的牠們誤闖
而加以捕捉、殺害
或直接餵以獵槍
以致相繼折損，數量越來越少
甚至幾乎瀕臨絕種……

牠們是台灣的珍寶，台灣的圖騰
是極需保護的稀有保育類動物
不能讓牠們絕種呀！

這可怎麼辦呢？

寄望那些獵人良心發現恐怕不易
最好還是回到山林裡去
牠們本來就該深居在山林裡

只是台灣的山林還有多少
保持原貌，沒被入侵？
它們的命運和台灣黑熊
又有什麼不同？

這首詩和前面一樣，再度指出幾乎無解的問題。難不成珍古德說對了，「人類的出現是進化論的錯誤」。（註⑦）人類是不該出現的，不可逆了，只能設法解決問題，提高人類的保育意識，讓生態環境不要瓦解得太快，也就是設法推遲「地球第六次大滅絕」。

這首詩提到的大難題，「最好還是回到山林裡去／牠們本來就該深居在山林裡」。只是大部分本來是山林的，都被現代開發了，大約筆者讀初中時，課本講台灣人口是一千二百萬，才五十年多一倍。世界其他地方亦是，印度、中國、非洲、北美、南美……弄到現在全球人口七十多億，很多地方仍成長很快，不久達百億人口，吃喝用住享受……連珠穆朗瑪峰，南北極都要開發住人了。到那時，別說台灣黑熊，大象、老虎……要住哪裡？牠們大概全都滅絕了。

詩所指出的問題，也許並沒有治根辦法，或根本完全沒辦法，但可以提供我們讀詩的朋友思索更廣泛的問題，激發創作的動力。

李香秀為拍黑熊 跋涉2千公里

【本報台北訊】「拍攝前，我從未爬過山！」耗時六年拍攝的紀錄片《黑熊森林》昨首映。其實，五十三歲的導演李香秀，是世新大學廣電系助理教授，原本是個連爬樓梯都會喘的人，但她為了拍黑熊，翻山越嶺二千多公里，開啓她的「尋熊記」，因為她一直想拍一部「人與大自然共生共存的故事」。

在海拔一千多公尺的玉山國家公園大分地區，因長有大量的青剛櫟，每年到了十二月結果期，就成為台灣黑熊頻繁出沒採食的地區，這就是「黑熊森林」的場景，訴說著屏東科技大學野生動物保育研究所所長黃美秀和布農族巡山員林淵源長年研究、尋訪台灣黑熊的故事。

六年前，李香秀扛著沉重的器材與從未背過的登山裝備，跟隨黃美秀研究團隊入山拍攝。許多工作人員在毫無登山經驗情況下，肩負十五至四十公斤，徒步登山六天往返八十公里，淋著雨、流著汗，邊走邊拍到大分。

「人與大自然是共生共存。」李香秀說，她希望讓觀眾體會，在山林中的生態研究員與布農獵人之間，如何為了維護共同所愛——台灣的山林和動物，所構築出的人與人之間的革命情誼。

已過世的林淵源是片中靈魂人物，是布農族國寶獵人，後以玉山國家公園管理處巡山員身分退休。在國家公園許多人文、生態的研究案中，林淵源都是研究人員重要的搭檔。

導演李香秀，以黑熊拍出人與自然共生共存的故事。　圖／團隊提供

人间福報　2016.12.10.

自古以來，詩人的創作只能反映問題，不能解決問題。從未有一個掌權的政治人物讀某人詩，就感動到改變政策；相信非洲那些獵象殺虎的黑心商人，也絕不會讀到一首詩就從此良心發現。這是現實的五濁惡

世，不是詩人功力不夠，詩人要彰顯的是他的情懷，從五濁惡世中保有他的真性情，從濁惡世界中提煉出真善美。只有這樣，人和大自然及各物種才能和諧共存，不久以前人和其他物種確是和平共存與同歡同樂。大約四、五十年前，許其正有一篇散文〈捉螢火蟲去〉，寫到孩子們唱著歌，一起玩遊戲的情境。（註⑧）

螢呀，
螢呀，
來吃醽；
豬槽分你溫，
豬巢分你睏。
……

這是筆者小時候經過情境，與詩人共同在早期台灣農莊田園野地一樣的生活。因此，我讀他的作品必有共鳴。才不過幾十年，這個世界全變了樣，讓人不敢相信，原來和孩子們同歡同樂的動物朋友們不見了，〈螢火蟲飛呀飛〉是為了飛離人們，牠們覺得

人類太不友善了；人類充滿殺機，太野蠻，太不文明，牠們離人遠遠的。（註⑨）

螢火蟲，是明亮的星
從天上下凡來
閃著光，飛呀飛
到處尋找
尋找宜居之所
閃呀閃，飛呀飛

為避開都市的吵嚷，只好遷居
為避開人們的污染，只好遷居
為避開鄉間的農藥，只好遷居
遷居、遷居、再遷居
找不到宜居之所
不得已，只好避居窮山僻壤

螢火蟲就像「孟母三遷」，四遷……還找不到宜居之所。現在若有人到荒山野地，突然晚上出現一隻，還以為看到鬼！這已經成了「普世現象」，也早已成了不可逆的操作行程，直到螢火蟲也滅亡為止。

人類社會為何會走到這一步？我始終認為是資本主義和民主政治導至（二者一體兩面、實同一物）。很多人仍有刻板印象，以為現在世界仍是民主與共產，那已落伍三十多年了，美國搞的叫「個人資本主義」，中國搞的叫「國家資本主義」。而共同的結果是「地球第六次大滅絕」，物種逐一滅絕，星星也看不見了，賞讀〈遙遠的星空〉。（註⑩）

遙遠的星空張掛在遙遠的童年那邊
無數星星不住眨著可愛的小眼睛
輸送給我無可數計的欣喜
只是不知道空氣污染越來越嚴重
還是我的眼睛越來越老化

總覺得她們越來顆粒越小數量越少光芒越弱
我越看越覺得模糊，沒有當年真切
好在我有一副功能很好的記憶眼鏡
只要一戴上，再遙遠也清晰如在目前

〈遙遠的星空〉和〈螢火蟲飛呀飛〉，都發揮了諷喻的詩技，也對世道人心產生強烈警示。詩人一生走自己的路，堅持自由田園詩風，希望啟蒙人心，鼓舞眾生樂觀奮發，關懷生態環保等問題，他一樣有高度使命感。

只是為什麼？這個世界的美好只剩回憶。「**好在我有一副功能很好的記憶眼鏡／只要一戴上，再遙遠也清晰如在目前**」。未來，看不到美景，只見地球暖化、海水上漲、物種滅亡……人們用政治和經濟進行自我毀滅的遊戲！

註釋

①可見任何文本《左傳》，本文參用國軍軍事學校《國文》教材，國防部印，民國七十四年七月。

②張春榮，《一把文學的梯子》（台北：爾雅出版社，民國八十二年七月十日），頁二五九—

二六〇。

③許其正，〈他們是生態保育專家？〉，《盛開的詩花－許其正中英對照詩選》（重慶：環球文化出版社，二〇一二年五月），頁二三八－二四一。

④許其正，《走過廊仔溝》（台北，秀威資訊出版，二〇一二年三月），頁一三八－一四〇。

⑤許其正，〈從砂石場邊走過〉，同註③書，頁二四二－二四三。

⑥許其正，〈台灣黑熊〉，同註③書，頁二四四－二四五。

⑦國際保育專家珍古德確實這樣說，趣者可自行查閱她的傳記，不難查知。

⑧許其正，〈捉螢火蟲去〉，《夏蔭－許其正散文自選集》（屏東：自印，民國六十八年八月一日），頁三九－四三。

⑨許其正，〈螢火蟲飛呀飛〉，《華文現代詩》（台北：文史哲出版社，二〇一六年五月），頁七二。

⑩許其正，〈遙遠的星空〉，《Stepping》（New Delhi, India, Authorspress，二〇一六），P.六八。

第十四章 批判，人類對自然和物種的傷害

詩人許其正的現代詩作中，有部份是對生態環保的關懷和警示。當關懷之感覺力道不足，警示似又不痛不癢，於是，加強力道批判，直指人類對自然和物種的重大傷害，這除了是詩人天生的使命感，應也企圖引起更多共鳴，挽救生態物種浩劫。

當我寫本文時，地球上兩隻超級大象正在相互衝撞，地球承受不了撞擊，翻來又覆去，旁邊許多小動物一不小心就會被踩死或受傷。其中一隻超級大象突然發狂，手拿一件價值連城的寶物叫「一中」，欲進行全球大拍賣，誰能出得起高價，就將「一中」賣給他，得款好養活一家老小，因為雖貴為全球最大隻，也是日子愈來愈難混。說實在的，這兩隻大象互相衝撞的諸種理由，很多和許其正作品是有關的。

另一個有關的是所謂「巴黎氣候協定」，基本上就是透過各國節制開發，減少碳排放量的管制，控制地球的溫室效應，讓地球溫度不要一直升高，以避免人類的大浩劫。這是一個比天大的問題，本文所述人類對自然和物種的傷害，不過其中一小部份，主要還在經濟發展的管制，如何減碳才是致命的關鍵！一隻狂妄的巨象揚言，不承認氣候協

定，這下可慘了！

慘的是「地球第六次大滅絕」，更確定的是沒救了，人類的滅亡已是不可逆的「命中註定」。那麼，本文討論人類對自然的傷害，導至幾種動物瀕臨絕種，有啥了不起？有何意義？人類都要滅絕，世界已將末日，哪管其他生物怎樣死活！

在馬德里普拉多美術館（Museo Nacional del prado），收藏十五世紀畫家波希（Hieronymus Bosch）的名畫，作品是三連作的祭壇畫〈人間樂園〉（Garden of Earthly Delight），三連畫作包含「伊甸園」、「人間樂園」和「世界末日」三幅作品。世界末日景象到底為何樣？從未有人見過，因末日未到，但可見波希的畫（如附印）。（註①）按基督教思想，世界末日是必然要來臨的；按現代科學家研究，大滅絕亦不可逆。而按佛教思想（理論），雖無末日說，按緣起法「緣起緣滅」，世界也是遲早要灰飛煙滅。都要滅亡的，寫詩何用？還管什麼對自然與物種的傷害！我幹嘛還要去研究許其正的詩？豈不荒謬！

當我開始感到寫詩、賞詩和評詩的荒謬性，以及覺得這個世界越來越荒謬，你要怎樣持續保有生活的動力？只好回來找「荒謬大師」，問道於卡繆。（註②）

波希〈世界末日〉畫作．資料註⑩

要活下去，就要了解人生的無意義。人生越是無意義，越能活得多彩多姿。了解命運的荒謬性之後，若不努力以意識了解、支撐它，就無法活用這荒謬的命運。否定命運根源上對立的一方，就是逃離荒謬……人類與包圍人類黑暗的決鬥就是反抗，向現實挑戰並忍受生命重荷的矜持就是反抗。但是，對世界的反抗是「沒有希望」的。然而所謂「沒有希望」卻不等於絕望，「希望的開始」是指只有在內部才能產生幸福的聰慧幻影。

卡繆演講時的神情。

「包圍人類黑暗」是什麼？是否就是佛陀所說這濁惡世界？是不是資本主義和民主政治？是不是貪婪的獵殺黑熊者？製造環境浩劫者？我們得面對荒謬的世界，荒謬的人生，才能創造人生的意義。所謂「我思故我在」，詩人寫詩對抗荒謬，我賞析詩人如何反抗荒謬，如何挑戰現實，我們思考故我們都在，我們就活用了荒謬。在這樣的思維邏輯，來批判這世間的「荒謬事」，賞讀〈紅尾伯勞的哀訴〉。（註③）

嘎嘎，我陷在人類鳥仔踏的陷阱裡了
我振翅欲飛，卻為繩索所縛，吊在半空中
我呼天搶地，喊破喉嚨，也是徒然
當飛得倦了，捕捉害蟲累了
我站在孤枝頂上休息到底犯了什麼罪？
嘎嘎，人類的良心何在？
嘎嘎，人類的良心何時才喚得醒？
人類為什麼要貪婪得設下鳥仔踏來陷害我？
人類為什麼要忘恩負義，饕餮我的肉？
空有鐵索般的腳爪又有何用？
空有銳利如刀的尖喙又於事何補？
我只能在這裡嘎嘎地哀訴

我只能在這裡掙扎、哭喊到傷心淚盡

雖然外表上和我的身體相比
我的翅膀顯得嬌小柔弱
常予人「載不動許多愁」之感
我私底下卻為擁有它們而自感驕傲
它們具有驚人的大力量
強過海上的船隻，空中的飛機
隨著季節的變化，它們
強力地載著我，飛出詩經，南來北往
越過千里平疇大洋，萬重高山峻嶺
征服陰晦風雨，如火烈日
活得自由無羈，悠然自得
當然，不只是翅膀，我知道

我陀螺似的個子，不華麗的羽毛
我粗嘎的噪音，銳利如刀的尖啄
我鐵索般的腳爪，明亮如燈的眼睛
也是不起眼，不邀人寵愛的
不過，它們是我的一部分
和我的血肉相連，如膠似漆
我不能一刻沒有它們
它們完全接受我的善意指揮
全心全意飛翔，跳躍，捕捉害蟲
使我成為一隻有益於世的漂鳥
我私底下仍為擁有它們而自感驕傲

不幸的是，嘎嘎，現在
我陷在人類鳥仔踏的陷阱裡了
不知道飛得倦了，捕捉害蟲累了

我站在孤枝頂上休息到底犯了什麼罪？
人類為什麼要貪婪地設下鳥仔踏來陷害我？
人類為什麼要忘恩負義，饕餮我的肉？
我振翅欲飛，卻為繩索所縛，吊在半空中
我呼天搶地，喊破喉嚨，也是徒然
我鐵索般的腳爪掙不脫陷阱
我銳利如刀的尖喙啄不斷綑綁的繩索
我只能在這裡嘎嘎地哀訴
人類呀，嘎嘎，你們良心何在？
嘎嘎，如何才能喚醒你們的良心？

〈紅尾伯勞的哀訴〉，詩裡只要小修幾個字，就適用其他物種，如大象、老虎、獅子、鯨魚……〈大象的哀訴〉（如圖）均可。但這一切的災難、浩劫，都源自人類的貪婪本質，所以，這也是〈人類的哀訴〉。珍古德還真說的好，「人類的出現是進化論的錯誤」！

大約三十多年前，台灣各夜市，乃至郊區餐館，到處都在烤鳥、香肉、殺蛇及各種

「野味」，生意好的不得了，人人吃的不亦樂乎！成為另類「內需經濟」的榮景。後來有了生態保育觀念、素食健康、尊重生命等等教育被接受，這種「內需經濟」很快在「公開場合」消失，暗地裡的盜獵、捕殺等，還是很嚴重的。而在第三世界（尤其非洲），

2016.12.15

大象誤入城市叢林 人间福报

一頭誤入城市叢林的野象大鬧印度東部古城西里古里，嚇得居民四散奔逃，而飽受驚嚇的野象想返回森林又找不到路，在街頭四處亂竄時又搗毀房舍與踩踏汽機車。當局最後開槍麻醉野象，找來起重機把野象吊掛到卡車上送回

這是6700頭象牙

燒象牙遏盜獵 人間福報 2016.12.15.

肯亞在奈洛比國家公園點火焚燒十一堆庫存象牙和犀牛角，價值約一點八億美元，目的是要震撼全世界及遏阻屠殺大象和犀牛的盜獵行徑。這批象牙幾乎是肯亞所沒入象

盜獵捕殺更是非常嚴重。

討論範圍不扯太遠，這詩意所指仍有不少灰色空間。「人類呀，嘎嘎，你們良心何在？／嘎嘎，如何才能喚醒你們的良心？」批判盜獵捕殺，就是批判人類的貪婪，批判人類的「霸權主義」，企圖喚醒人類的良心。但絕大多數人類還是食豬、牛、羊、魚、雞、鴨、鵝……等各種海陸空動物肉，也同樣給這些動物製造痛苦。盜獵者用「鳥仔踏」或任何捕具，捕獲伯勞鳥，這和漁民在海裡捕（網）魚行為，有何差別？為何不說漁民沒良心，在我看差別不大，都是沒良心的。

再說我們到市場買各種肉類，那些所謂「合法」宰殺的動物，有經過牠們同意嗎？為何我們吃這些肉不覺良心不安（也許有！）？殺豬時豬也在哀嚎，牠也如伯勞同樣的哀訴：「我只是一隻野地的野豬／我在林間散步到底犯了什麼罪？／人類爲什麼要貪婪的宰殺我？／人類爲什麼要忘恩負義，饕餮我的肉？」

根本公平之道，還是所有人類全部改成素食，不殺不食任何動物的肉，這是佛教的終極主張，體現人類的佛性慈悲和眾生平等觀。任何人只要他尚未改成全部素食，他就不夠資格說出「眾生平等」這四字，不食眾生肉，是體現對眾生平等尊重的「唯一證據」。

以上是我賞讀〈紅尾伯勞的哀訴〉一詩有感而發，只是另一種思考方向。至於波希〈世界末日〉畫作、焚燒被盜獵六千七百頭大象牙等，和一隻伯勞鳥困在鳥仔踏陷阱裡，都是一樣的驚恐，都同是源自人類的貪婪，最後的結局都是「世界末日」（同科學說的「地球第六次大滅絕」）。詩人有感寫詩，不會改變滅亡過程中的任何事！「我批判故我在」，〈他們說他們是文明的〉一詩，對現代文明也有強力批判。（註④）

他們說他們是文明的
因為他們知道如何拿斧鋸
來砍伐樹木，以供人製器利用

他們說他們是文明的
因為他們知道如何拿刀槍，製作陷阱
來獵取禽獸，以供人宰殺食用

他們說他們是文明的

因為他們知道如何拿藥物
來繁殖牲畜和農作物，使長得更快更好看

他們說他們是文明的
因為他們知道如何想方設法
抓取財富和權利，圖謀自己的享受和榮耀

他們說他們是文明的
因為他們知道如何發明最新武器
來發動戰爭，征服別的國家

他們一往直前，力求達到目的
可是會造成什麼結果和副作用
他們卻一概不管，隨心所欲地施為

他們說他們是文明的
沒錯，他們很聰明，是文明的
因為他們說他們是文明的

這首詩從首到末都用反諷，七段結構整齊，不斷強調「他們說他們是文明的」，實際真意在說「他們不是文明的」，甚至他們都是野蠻的。反諷是對名實不合的「真相」，給予嚴厲譏諷，指控或批判都是。這在無形中使一首詩除賞詩外，也對國家、社會乃至人類文明，因批判力的彰顯，給人有了啟蒙作用。

從本質、源頭追蹤，文明所有問題都來自「人」，其他物種不會製造問題，有人才有問題。而人的問題全根源於人性中的貪婪、自私和邪惡（獸性），但這些因人的聰明而容易偽裝，任何滿肚子壞主意的人都可偽裝成大好人，卻也很容易破相，

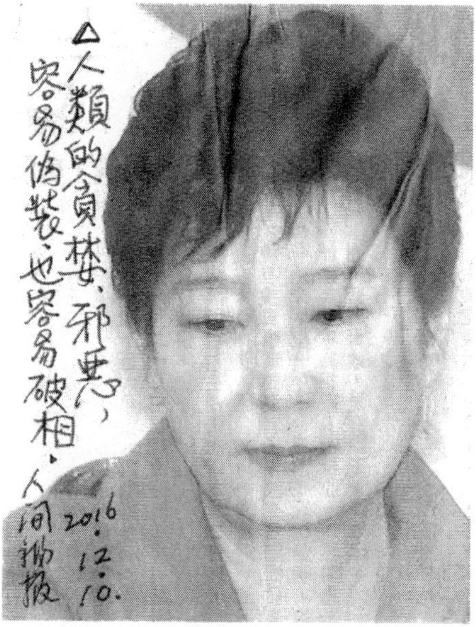
△人類的貪婪、邪惡、容易偽裝，也容易破相。
人間福報
2016.12.10.

高明者可以偽裝很久。

〈他們說他們是文明的〉一詩，等於批判了人類自有文明以來的所有文明。雖然「人類的出現是進化論的錯誤」，已成的事實要就事論事，人類文明從古到今進入「第五波產業革命」，這五波是：第一波農業時代、第二波工業革命、第三波電腦出現、第四波網路時代，現在進入第五波文化創意革命。從整個文明演進看，所有文明都是相對的，價值也是相對的，沒有全好，沒有全壞。

他們拿斧鋸砍樹，供人製器或煮飯燒火，這是文明的，禪宗第六代祖師慧能就是砍柴為生的人。文明演進到現在，人類濫砍使森林消失，這是野蠻的，現在大樹也有「身份證」，砍它就不文明了。

在遊牧和農業時代，人用各種方式捕獵動物，食肉以維持生命，從未說是不文明。到了現代人們依然過度捕殺各種動物，導至物種滅絕，這是不文明的，甚至是比動物還野蠻的行為。

科學進步使人變聰明，養雞鴨種農作有「速成」辦法。據聞，很多肉雞用藥物讓牠快長，一個多月就可宰殺。而農作物也出現「基改」，凡此都不文明，因對人體為害太大，也是不道德的。

圖謀財富和權利，本是人性自私使然，但經結構化，無限上綱成為「資本主義與民主政治」結構體。成了人人只為圖謀私利，這就是社會退化論，全面野蠻化，已遠離了文明。可見西方文化的本質上，就是不文明的。

自有人類就有戰爭，可以這麼說「戰爭是文明進化的動力」。但侵略戰爭則是野蠻的，西方思想有三個源頭（基督教、資本主義、民主政治），這三種相加就是「西方霸權主義」，侵略和帝國主義由此而來。所以西方文明是「不文明」的，是野蠻的，該批判的。

中國自古維持「完整的自給自足體系」，故不對外侵略（長城的存在二千多年是證據），本質上中國歷代嚴守「防衛」戰爭格局。準此而言，說中國不文明的，反而證明了中國的文明。

這首詩提供人們思考文明不文明的問題，到底怎樣才文明？只要人類存在地球一天，就一定對自然和其他物種有傷害。我們食衣住行，我們謀利享樂，我們吃肉喝酒，哪樣對自然和物種沒有傷害？可以說都有很大傷害，有傷害就是不文明，把動物關在「動物園」裡文明嗎？也是不文明的，凡此，只要對自然物種有傷害，就該批判！然而，現在全世界到處有動物園，對此反思者稀！

不管文不文明，人們就這樣幹下去，「他們一往直前，力求達到目的／可是會造成什麼結果和副作用／他們卻一概不管……」只好一切都交給「因果」去處理。任何人，乃至全人類，都脫不出因果法則，造了因必有果，正是所謂「自己造業自己擔」，全民造業全民擔，全人類造業全人類擔。賞讀〈因果論〉。（註⑤）

天氣越來越怪異了：
冷時極冷，熱時極熱
甚至有所謂暖冬的現象出現
颱風只虛幌一招
便帶來五十年來未曾有過的大豪雨
河川氾濫而外，還有大量的
土石流、山崩、橋斷、屋毀、人亡……
為什麼會這樣？
這是天災？還是什麼？
這是天地不仁？還是什麼？

如果少用些塑膠袋
如果少砍伐些樹木
如果少濫墾些土地
如果少濫挖些砂石
如果少濫設些魚塭
如果少製造些污染
總之，如果少破壞些大自然
這些天災會像現在這樣頻繁嚴重嗎？

如果多保護些水土
如果多濬通些河川
如果多種植些樹木
如果多保持些山林原貌
如果多善用些替代性能源

如果多致力些節能減碳
總之，如果多尊重些大自然
這些天災會像現在這樣頻繁嚴重嗎？

現今世界幾乎變了樣了
許多天災越來越頻繁越嚴重
甚至北極冰山已經在融化了
將來天災勢將越來越頻繁越嚴重
那是大自然的反撲呀！
要讓這情況延續下去嗎？
因果報應，千古不易
是否該少造些惡業，多種些善因？

這首詩講到因果報應和「業」的概念，這是佛教的重要思想理論，放在第十七章詳說。因果除了佛教強調，也是宇宙的自然法則，所以因果不是佛教的專利，濫伐林木必使大地缺氧，土壤流失，這是科學，這也是因果。個性不好、能力不足又不用心努力，失去工作，人生黑暗，這是因果。所以因果很現實、很公平、很可怕！但會在乎因果的，似乎仍是總人口中的極少數！

詩第一段講到各種無常災難，未來只會越來越嚴重，就像電影《明天過後》，各領域的科學家都證明「地球第六次大滅絕」的不可逆。現在各國政府所為如減碳等，只能減緩滅絕的來臨，不能使其不來臨。讀詩人之作，徒增感嘆！

第二段「如果……」都與各國經濟發展政策不同調。站在政治（政府）立場，要擴大經濟規模，要提高產量，要增加所得……都必然對大自然和其他物種有極大傷害。但不如此，人民不高興，「痛苦指數」（失業率加通貨膨脹率之和）增加，會丟了權位，只好不斷大大傷害

北市拒收、拒燒核食

【本報台北訊】日本核災食品輸台爭議愈演愈烈，食藥署近來稽查也發現日本核災食品充斥台灣，對這些查獲的核災區食品如何「銷毀」？北市環保局昨天開出第一槍，強調若沒有辦法出示「未檢出輻射汙染」的證明文件，北市三座焚化爐都將拒收、拒燒。北市環保局指出，由於核災食品有銫137輻射汙染，會累積，若送進焚化廠銷毀，輻射汙染恐會飄散在空氣中。

連日來，各地稽查核災食品，查獲後都先要求下架，幾乎每日一爆，但如何處理下架食品，各地衛生局相當頭大。

人間浩劫．一○六．十二．十七

台灣人的災難何其多多？

物種和自然環境。

第三段「如果……」少數國家地區重視，絕大多數是做不出成績的。據聞，中國做的很積極，企圖要綠化沙漠，詳情筆者不得而知。但美國狂人川普認為氣候災難是科學家的騙局，他為大力發展經濟，對大自然必然有大傷害。眾所週知，「美式生活」是全球最浪費的國度模式，美國總人口佔全球總人口百分之四弱，但消耗整個地球總資源約百分之三十，這是可怕的浪費。可以這麼說，「美國人的生活」是搞垮地球的元兇。

詩的結論警示北極冰山融化，大自然反撲，這種情況肯定持續下去，直到「地球第六次大滅絕」，這是因果，人類自造的業，當然自收惡果。如此，詩人寫詩意義何在？詩寫得悲壯感人，也改變不了邁向滅亡的路程！確是，杜甫寫「朱門酒肉臭、路有凍死骨」，也未能改變大唐日趨衰落滅亡的路徑、因果，誰能逃

88風災
△永遠勿忘
小林村
462人被
土石流活埋

【本報台中訊】二〇〇九年八月八日莫拉克颱風重創台灣中南部，淹水、山崩與土石流奪走近七百條人命，高雄縣甲仙鄉小林村小林部落遭滅村，近五百人被活埋，陳振榮、鄭秀珍夫妻的三名子女不幸罹難，二人下定決心「把孩子生回來」，今年十月終於如願產下雙胞胎。

人間福報二〇一六．十二．十七

陳振榮五年前發現罹患大腸癌第三期，在化療前取精，妻子也開始在高雄求醫，三年內嘗試二次人工受孕、四次試管嬰兒中二次失敗、二次子宮外孕，歷盡千辛萬苦如今懷抱新生命，醫院昨天舉辦滿月慶生會，二十名小林村民專程到場，為小林村的新血獻上祝福。

陳振榮昨天說到妻子懷孕過程辛苦，滿是不捨與感謝，不禁激動流淚，並且下跪感謝李茂盛醫師協助夫妻圓夢。陳振榮說，妻子懷孕過程夢到三名過世子女，他觀察雙胞胎哥哥個性穩重圓臉、弟弟活潑尖臉，剛好與過世的大兒子、二兒子相仿，感覺「真的把他們生回來了」。被問到是否要生第三胎？他表示要看妻子意願與身體狀況決定，在場小林村民大喊「生下來、生下來！」

脫於因果之外？誰能造惡因不必承受惡果制裁的？

詩人許其正長我十餘歲，但他度過的童年，他在鄉村田野的經驗，他碰過的農事，我和他幾乎一模一樣，所以我懂他的「田園語言」。他在潮州民治溪附近遊玩，他看到一條「溪流」變「水溝」，感慨萬千！（註⑥）

這條溪的相貌已經改變了
是所謂文明的人工給強制改變的
兩岸已改為水泥壁，寬度變窄了
河裡的水只差沒有乾涸掉了
彷彿躺在病牀上的瘦弱病人
……

〈冬日民治溪邊小立〉第一節

民治溪的命運，正是全台灣甚至全世界所有溪流命運的縮影。水，都到那裡去了？關心戰爭的人一定聽過一句話，「二十世紀人類為石油戰爭，廿一世紀是為水戰爭。」

而兩種戰爭的源頭，就是人類破壞大自然的機制，讓各物種都面臨浩劫。

詩人以不忍之心，他的真性情又讓他不能視若無睹，故提其詩筆，大力批判人們對自然和物種的傷害。雖不能改變大環境趨向大滅絕的路徑，至少在滅絕未到前，啟蒙人心，有益世道。身為詩人不能裝聾作啞，我批故我在！

註釋

①波希〈人間樂園〉三連作，趣者可自行到該美術館參觀。本文引蔣勳著，《肉身供養》（台北：有鹿文化出版，二〇一三年十一月），頁一七六－一七七中間夾頁。

②卡繆著，張漢良譯，《薛西弗斯的神話》（台北：志文出版社，民國六十六年元月），〈關於卡繆的生平與其思想作品〉。

③許其正，〈紅尾伯勞的哀訴〉，《盛開的詩花－許其正中英對照詩選》（重慶：環球文化出版社，二〇一二年五月），頁七二－七五。

④許其正，〈他們說他們是文明的〉，同註③書，頁二〇二－二〇三。

⑤許其正，〈因果論〉，同註③書，頁二〇四－二〇七。

⑥許其正，〈冬日民治溪邊小立〉，同註③書，頁三二六－三二七。

第十五章　田園裡的政治味與政治批判

法國觀光一向很熱門，近年受恐攻影響淡了下來。凡到法國觀光的人，很多會去參觀巴黎奥賽美術館（Muséedórsay），這裡以裸體女性藝術作品（畫或雕）聞名於世。一八三〇年代浪漫主義者德拉克洛瓦（Eugene Delacroix）名作，〈自由領導民眾〉（Liberty Leading the People）。畫面中央就是一位半裸女人，露出胸部兩顆奶奶，手拿法蘭西國旗。領導群眾為何用半裸女體，畫家心思何在？正確的詮釋是，裸體女性代表對自由、民主的追求、嚮往，而且裸得越徹底，代表更嚮往與奮鬥。

在十九世紀初，拿破崙執政前後，法國宮廷學院的美術，習慣性的用女性裸體來象徵自由和民主，豐富其政治意涵。若要追其源頭，大概可以追到二千多年前的希臘文明，阿波羅和維納斯都是裸體雕像。

談許其正的詩，為何扯上西方裸體藝術？尤其德拉克洛瓦和法國學院美術。因為這些畫家畫的裸女畫作，表面上是裸女，那是不懂的看表相，行家看門道，畫家主要在表達對「民主、自由」的追求。這也證實我一向的看法，人絕不可能完全逃脫政治力的影響，特別是自己所屬的土地、環境、民族，必有一種「萬有引力」，緊緊地抓住你。法國詩人畫家關心法國政治政局，美國詩人畫家關心美國政治政局……中國亦是，台灣當然也是。古今中外都有一種詩叫「政治詩」，假如政治詩最靠近政治圈，則田園詩人的政治味離政治圈最遠，田園詩人總是身處政治邊陲，站在很遠的地方關心或批判政治政局。

但論批判力的強弱則不一定，最接近政治圈的政治詩批判力不一定強，政治邊陲的作品批判力不一定弱。田園詩人許其正多數作品，都是讚頌自然、田園、農莊等山水人文土地的真善美，他生長在台灣關心台灣政局。再者，在他《盛開的詩花》詩集封面摺頁，作者簡介光明正大印著「許其正，中國當代傑出的詩人、作家、翻譯家。」他當然也以中國人為榮，中華民族的發展興盛他當然關心。本文選擇幾首有政治意涵與批判力道的作品賞析，賞讀〈哀蕃薯〉。（註①）

「台灣啊！……」
「台灣啊！……」

彼個攏靠這三字哭調仔
騙票當選的候選人
這次又擱在哀在哭了

唉！台灣啊！
水淹到鼻孔口沒？
（誰愛台灣？
誰哀台灣？）
只是一條小條蕃薯
藍豬仔吃
綠老鼠偷……
已經見骨了

唉！台灣啊！
水淹到鼻孔口沒？
(誰哀台灣？
誰愛台灣？)
「台灣啊！……」
「台灣啊！……」

這是一首台語詩，〈哀蕃薯〉哀什麼？大家一看就知道，絕不是為了烤地瓜吵架，現在每天新聞所吵的都和這首詩有關。哀蕃薯即哀台灣，說白了就是台灣悲哀啊！為何悲哀？命中註定就是悲哀！

「彼個攏靠這三字哭調仔」，這所謂「三字哭調仔」，我小時候在台灣鄉下聽老阿婆唱過，「我歹命……我歹命……」確實唱得人斷了肝腸。問阿婆為何歹命？她說「天生命裡就歹命」！台灣的悲哀除了「愛台灣」成了政治語言外，就像三字哭調仔一樣，天生就歹命（悲哀），也就是有歷史以來，台灣就悲哀。所以，先要回溯歷史，找尋「哀台灣」的源頭緣由。

台灣最早由荷蘭、西班牙統治，鄭成功若不收回台灣成中國領土，可能荷西一直統治。後雖被「四腳仔」（註②）佔領，也是荷或西割讓台灣，與中國無關，偏偏鄭氏收台，又被滿清設為中國一省。所以哀台灣最早的禍首，就是鄭成功，他走後兒孫又分統獨兩派（同現在），這又埋下後來台獨思想最早的毒根。

其次的禍根是「四腳仔」殖民半世紀，毒化教育（皇民化）必然使很多台灣人「質變」，這些質變者（變成親日或有倭人血統），多是從四腳仔拿到很多利益（土地、錢財、官位等）。其第二、三代至今可能百萬人以上，說好聽是皇民親日，說難聽是漢奸是民族罪人。

「只是一條小條蕃薯／藍豬仔吃／綠老鼠偷……」「藍豬」者「藍營」也，即統派，主張兩岸未來仍要統一，也還承認自己是中國人，是炎黃子孫，是中華民族之一員。因此，統派是要發揚中華文化的。「綠老鼠」者「綠營」也，即獨派，主張台獨，不承認自己是中國人，非炎黃子孫，非中華民族之一員。因此，獨派要「去中國化」，否定中華文化，按他們自己說法，「台灣人是倭人、荷、西、南島之混種。」

台灣不論叫「中華民國」或其他任何名稱，已是中國歷史上如同「南明」的地方割據政權。這種政權都不可能長久存在，也不可能維持長治久安，吾國如三國、南北朝、南明，都只是暫時的「短命政權」。這種政權的特色是政治人物上台都自知維持不久，不一定有明天，能吃盡量吃，能撈盡量撈，錢搞夠了快走人。而民間各界也一樣，情勢不對人財全都跑了。所以，才會有「藍豬仔吃／綠老鼠偷……」其實統獨兩陣營差不多，而獨派更以「愛台灣」之名，公然搞錢。

「已經見骨了／唉！台灣啊！／水淹到鼻孔口沒？」其實台灣的苦命源頭，要追到「歷史的母親」，就是「地緣戰略」，台灣位在中國邊緣，成為東出太平洋門戶。而西太平「花彩列島」之線，又為以美國為首的西方強權之「國防戰略前緣」，台灣夾於兩強之間，東邊強受制於東，西邊強受制於西，必將永無寧日。

〈哀蕃薯〉一詩有強烈的政治批判，可謂對統獨兩派當頭大棒喝，重擊「呆丸郎」腦袋。也是對迷失的台灣人，最沈重的批判。但藍豬和綠老鼠會醒來嗎？絕不會，藍豬照吃，綠鼠照偷，直到「蕃薯」爛了，垮了！詩人和我等，僅祈求〈媽媽，請妳要保重〉。（註③）

1

（若想起故鄉，目屎就流下來……）

從睏眠中醒來
在這個冬夜裡
寒冷和黑暗在窗外
舞動爪牙，大聲小聲喝
我突然真想見到妳

2

雖然時常在夢中夢見妳
但是實際上咱已經
真久沒見面了
媽媽，妳好嗎？
媽媽，請妳要保重！

3

這陣這個世界，這個社會

真是烏雲罩霧，暗茫茫
到處有陷阱，有圈套
媽媽，妳要細仔
媽媽，請妳要保重！

4

（若想起故鄉，目屎就流下來……）

有一大堆糞圾政客
有一大群黑心生意人
還有無惡不做的歹徒
媽媽，妳有發見沒？
媽媽，請妳要保重！

5

政客用各色花樣來污染
黑心生意人用嘴水來詐騙

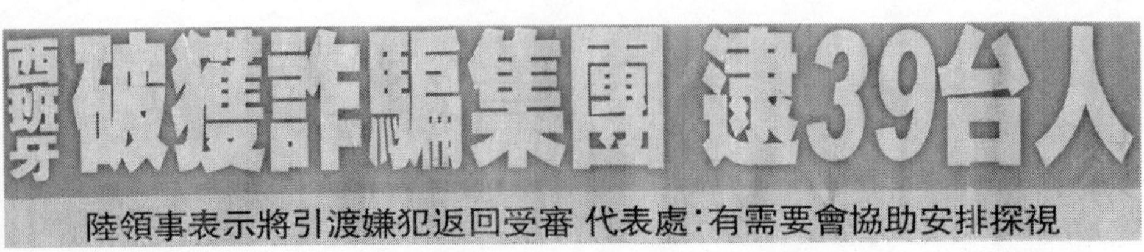
西班牙 破獲詐騙集團 逮39台人
陸領事表示將引渡嫌犯返回受審 代表處：有需要會協助安排探視

歹徒用騙術、暴力來為害
媽媽，妳警覺到沒？
媽媽，請妳要保重！

6

廣告呀，抗生素呀，搖頭丸呀……
搶劫呀！強暴呀！殺人呀……
項項攏嘛是在殘害咱
媽媽，要謹慎呀！
媽媽，請妳要保重！

7

歹年冬啦！景氣直直落
天氣這尼壞，這尼冷
人世間這尼暗，這尼冷
媽媽，妳要吃予飽，穿予燒！
媽媽，請妳要保重！

8

（若想起故鄉，目屎就流下來……）

我是吃妳的奶大漢的
我是予妳搖飼大漢的
我不使得予妳受騙受害
媽媽，我的故鄉
媽媽，請妳要保重

9

保重妳以前的樸素
保重妳以前的純淨
保重妳以前的真誠
媽媽，請妳要保重
媽媽，我當然嘛會保重！

（若想起故鄉，目屎就流下來……）

九段整齊結構的詩作，台灣詩用台語念才通順，國語念也大致可以理解，中間用一首台語歌的句子將情節做區隔。兒子思念母親，告訴母親一些要小心的事，多讀兩次眼淚恐怕就淹了詩字。真的，這是一首動容動情的詩，像我讀之數回再抄寫一次，才會感受到詩人用情之深，借著和媽媽說話，對台灣政治、政局、社會等，都有強烈又極深刻的政治意涵，批判力十足。

「從睏眠中醒來／在這個冬夜裡／寒冷和黑暗在窗外／舞動爪牙……」一定是世道沉淪，寒冷和黑暗都象徵這個社會的現況。而「舞動爪牙……」影射政客亂國，社會失去公平正義，這樣的亂世景象，人最容易想起親人，詩人想起媽媽，很想看見媽媽！

詩人常夢見媽媽，「但是實際上咱已經／眞久沒見面了」，不知媽媽現在何處？過的怎樣？媽媽妳好嗎？請妳要保重。自然平常之語，但動人心弦啊！

第三段開始，詩人數落台灣社會的黑暗情事，要媽媽千萬小心。「眞是烏雲罩霧，暗茫茫／到處有陷阱，有圈套」，提醒媽媽，這個社會已經變質了，處處有危機，一不小心就被人賣了。很多邪惡的人，專找老人家下手，政府也不管，因為政府和騙徒差不多！

台灣現況是「有一大堆糞圾政客／有一大群黑心生意人／還有無惡不做的歹徒」，這個社會和地獄已很接近了。這些全是自己造成的，台灣人自己搞垮自己啊！媽媽妳有發見沒？

第五段詩人乾脆向媽媽說清楚些，「政客用各色花樣來污染／黑心生意人用嘴水來詐騙……」各色花樣指藍綠各政黨，用有毒的思想污染人民，不可思議！媽媽妳警覺到沒？

電視上每天的廣告都害人不淺，無知的人民天天被洗腦。「廣告呀，抗生素呀，搖頭丸呀……搶劫呀，強暴呀，殺人呀……項項攏嘛是在殘害咱」，這就是現在的台灣社會，媽媽妳要謹慎、要保重！

「歹年冬啦……這尼冷」，第七段是政治和社會批判的結語，再強調台灣社會「景氣直直落」，都是政局動亂搞垮了經濟。身為弱勢的詩人族群，只能寫詩批判，其他完全無可奈何！就讓天垮下來吧！

第八段回歸到親子關係的原點，「我是吃妳的奶大漢的／我是予妳搖飼大漢的」，不管我們長到多大年紀，永恒不忘父母恩，這是多麼珍貴的情。這首詩讀來心情複雜，一者感於父母恩重難報，孝順都來不及了，世間卻仍有很多不孝子孫，要搞分裂國族，背叛祖宗，真是不孝。否定了中國人的血緣關係，等於是中華民族的敗家子孫。再者感於台灣社會之沉淪、黑暗，不休止的內鬥，不如完成國家統一，終止台灣人民的痛苦。如是，詩人再也不操心媽媽被黑心政客出賣了！

和「哀台灣」有關的一首詩是〈東方之醒〉，台灣之所以有百年苦難，有永不休止的統獨內鬥，導至社會人心沉淪，說來源自「東方不醒」。「睡獅」沉睡不醒，乃腐敗封建，割地賠款，才有倭人佔領台灣，養成一批漢奸皇民，禍害吾族吾國百年。但東方慢慢醒了，賞讀〈東方之醒〉。（註④）

歌唱呀，讚美呀，這是東方之復活，這是光明的勝利……徐志摩〈泰山日出〉

推開黎明的百葉窗，夜已驚逃
夫子，你的海已自深垂的睫間醒來
你的東方已自靜默和荒蕪間騰起

我朗笑，我拍手歡呼，夫子
你在遠古，你在現代
你離我遠，你距我近
你已復活，你已醒來
早安，夫子，我向你致敬

（此刻，太陽的金箭
已從海平面急急地射出哩）

晨如蒼鷹，展翅而來
你的輝煌染雲為一缸玫瑰，一缸葡萄
染雲為一缸瑪瑙，一缸醇酒，一缸春
為了這種美，為了這種力和愛
你東方之海已經洶湧澎湃

「聽呀，這普徹的歌聲
看呀，這普照的光明。」（註）
夫子，東方醒矣
東方醒於春秋，醒於戰國，醒於漢唐
東方醒於現代，醒於我眸，醒於我心
你為前導，你是巨人

註：末段前兩行引自徐志摩著〈泰山日出〉。

這詩中的「夫子」是孔夫子，代表儒家思想，擴而大之象徵中華文化。中國歷史分合發展和儒家文化有直接關係，大致上中國統一狀態會是國家社會的盛世，此時儒家思想興盛，如詩人說的「醒於春秋，醒於戰國，醒於漢唐」，而老莊佛道思想則衰；反之，分裂、動亂、戰爭時期，則儒家衰弱，而老莊佛道興盛，這是因為人性需要一個「避風港」的基本原理所致。

而「中國為什麼會衰弱？」從本質看，一是自然原因，再是人為（人自己）原因。「自然」者最簡單，宇宙間一切的「物、物件、物質」，久了必弱必壞必滅必亡，如我手上這支筆、桌子、大樓、人、組織、國家、星球……一切的一切，久必壞滅，只是時間的問題。一個強權、霸權出現了，羅馬帝國、奧匈帝國、荷蘭、漢唐、英國、美國，都不是「永恆不滅的強權」。強盛時間最多一百五十年，再多的只是「拖死狗」，這是自然法則，也是物之理則。

中國衰弱第二個原因是人為（人自己）。吾國在明朝前科技仍領先西洋諸邦，但因明朝到清初的鎖國政策，西洋科技超越我國，滿清中葉後更是任由西方帝國宰割，民族主義亡了，中國人以為自己文化不如西方。從清末到民國的百餘年，中國人迷失在「西化或中體西用」迷霧中，國之亡必先亡其文化！中國人自己迷失了。

中國的衰弱也因「孔家店」關店了，清末民初否定了自己文化，到文革甚至要「打倒孔家店」，只要馬恩史列毛。但孔家店終究打不倒，反而是馬恩史列毛倒了，現在中國強大了，廿一世紀不僅是中國人的世紀，更將是「全球中國化」。孔家店（孔子學院）開到世界各國，中國也在大力復興中華文化，我們有了「中國夢」。

目前正在「打倒孔家店」的，是一批背叛列祖列宗的某些份子搞「去中國化」，凡是中華文化全要打倒。有人說出驚人之語，「台灣的媽祖和大陸媽祖不一樣」，明日他會說「台灣孔子和大陸孔子不一樣」。這群中華民族的敗類、漢奸、美倭走狗，最後的結果就是搞垮自己。

「西方沒落、東方興起」，在二十世紀上半葉，由東西方文化界的思想家提出，至今快百年了。進入廿一世紀已漸漸得到證明，習近平提出的「中國夢」，馬雲說出「全球將中國化」。如是者，「**東方醒在現代，醒在我眸，醒在我心／你爲前導，你是巨人**」。全球要中國化了，中國夢漸漸到了。

賞讀許其正〈哀蕃著〉、〈媽媽，請妳要保重〉和〈東方之醒〉三首詩，感慨萬千！感動於詩人勇於擔起「中國當代傑出詩人」之重擔，對迷失的台灣開展其批判力，以期捧喝啟蒙人心。感動於詩人對儒家文化的清楚認識，對中國之興起以其詩力加持，生命有限，你心中的「中國魂、民族魂」，是無限的，是永恆的！

註　釋

①許其正，〈哀蕃薯〉，《華文現代詩》第二期（台北：文史哲出版社，二〇一四年八月），頁一二五。

②「四腳仔」指日本人，許其正在《走過廍仔溝》〈我們要勝利了〉一文，有加祿仙教訓水來伯仔一段話：「這是什麼天年，你敢不知影？咱們講日本仔是四腳仔，你不知影是什麼意思

嗎？四腳仔就不是人，是動物，和牛呀狗呀這些畜牲相像，是不講理的。你還想和他講理？講什麼理？只有忍耐。他們很快就要敗了。到彼時才講理不慢。」該書秀威出版，二〇一二年三月。

③許其正，〈媽媽，請妳要保重〉，《華文現代詩》第三期（台北：文史哲出版社，二〇一四年十月），頁一一九。

④許其正，〈東方之醒〉，《盛開的詩花－許其正中英對照詩選》（重慶：環球文化出版社，二〇一二年五月），頁三六－三七。

第十六章 親情，恒久不變的珍情

世間有什麼情能夠珍貴又恒久不變？答案是「親情」，有直接血緣的親情，如父母和子女的關係。很多人追尋或頌揚愛情，可惜愛情都極短暫，如眼前版的「白駒過隙」。或說之情吧！夫妻並無血緣關係，婚姻制度走到廿一世紀初，已是「末節」，不僅易碎易破，大多已不夠真誠，相處已似政黨間的妥協，證之於現在社會現象，不無道理！

早在二〇〇五年九月間，《外交期刊》邀請全球十六位精英（含新加坡李光耀），討論人類未來發展，一致認為在三十年內，人類一夫一妻制婚姻會全面瓦解，成為歷史名詞。（註①）而就在蔡政府上台不久，竟宣佈「一夫一妻」違法，「一男一女組家庭」亦違法。（註②）往昔以為夫妻是「愛人」，是五百年修得，是世間最珍貴的情，當下就已在質變中，不出二十年可能全面崩解了。

沒有夫妻關係，是否還有親子關係？這應該不成問題，現在已流行不婚，但「非婚生子女」越來越多。未來的社會，不要婚姻，生兒育女並未改變什麼！孩子依然叫「爸爸、媽媽」，不論有無婚姻關係！

一夫一妻違反性平法！哪門倫理！

台大機械系大學甄選入學第二階段筆試申論題，以《聖經》爲引言，提到「家庭是由一男一女、一夫一妻組成，這是社會和家庭的律，……」，引發台大學生連署抗議，被教育部性別平等教育委員會裁罰三萬元。

或許社會上主張多元家庭成了另一種觀點，因爲明顯與傳統「一夫一妻」背道而馳，只要不以權勢及溢於言表的批判，迫使對方接受與屈服，縱然是在課堂上或演講，以聖經或儒家四書等詮釋「一夫一妻」眞諦，也是合理的論述。

如果濾以違反性別平等可以科罰，甚至要求當事人接受性別教育課程研習，毋乃矯枉過正與曲解性別平等的眞正精神。

我認爲這樣嚴重處分，對台大校方與命題的教授是無妄之災，一定要提出申訴，否則後患深遠。

此例子一開，對學術自由是一大戕害，尤其人文科系的教師，闡述儒家佛道的經典師者，動輒得咎，情何以堪？

對一夫一妻的規範，是一大打擊，今後在課堂或命題、演講論及「一夫一妻」都有可能被告，這哪是維護性別平等？

林泉利（新北市／退休中學公民教師）

人間福報 [illegible]

人類感情的三大領域，親情、友情、愛情，三者都可貴，論普遍性、恆久性，以親情為最。雖然友情也有神聖恆久的，如刎頸之交、生死之交、桃園結義等，但不普遍，只是極少典範，為世間之稀有物。

人世間情愛，親子間親情、夫妻之情、愛情、友情、長官同事情等，唯親情俱備普遍性、恆久性，最為珍貴，也最自然，故最為感人共鳴者，乃書寫親情之詩章。許其正眾多詩作中，有十多首詩寫其父母，如田園之美和真，自然情感之表露，讀之兩回，淚水便會奪眶而出。

詩人與父母之親情，非能以筆墨形容之，傳統家庭大多「嚴父慈母」形像，詩人也是。詩人一本散文集的一篇文章〈紅龜粿已經變味〉說，「我一生『肖』我父親，也是沉默寡言。我和他之間幾乎沒有話說，正如兩顆沉默的石頭……」。（註③）惟石頭和石頭之間卻存在著巨大的「萬有引力」。本文就區分「詩人與父親的詩」和「詩人與母親的詩」，兩部份略為賞讀。

詩人寫父親的詩

中國人的父子關係真奇妙！父子大多「無話可說」，許其正與父親如是，筆者亦然，總覺得不如西方人的父子如友。也只好歸於東西方不同文化特質，但說到父子之情，西方不如中國人的「牢不可破、堅不可摧」，賞讀〈父親的咳嗽聲〉。（註④）

父親的咳嗽聲
如鐵鎚，一記記
敲擊在我心的板壁上

留下或大或小的傷口

父親的咳嗽聲
又如箭簇，一支支
投射在
家屋、庭院、田野

現在，他雖已不在
父親的咳嗽聲
卻仍如鐵鎚，一記記
敲擊在我心的板壁上

現在，他雖已不在
卻仍如箭簇，一支支
投射在那些當年留下的

或大或小尚未結痂的傷口上

兒女對父親的懷念是什麼？有些是形像的，有些是具象的，有些是意象的。這首詩三者兼有，「父親的咳嗽聲」就像朱自清寫父親的「背影」，形像鮮明，父親在咳嗽或背影、身影，都牽動著兒女的情緒情感。

「如鐵鎚，一記記／敲擊在我心的板壁上／留下或大或小的傷口」，則極為具象具體感。如鐵鎚，一記記，很實在的，咳一聲，重擊一下。父子感情之深厚，這重擊一下，在兒子心中便留下傷口。

這首詩有兩組意象甚為驚恐，「如鐵鎚，一記記」和「又如箭簇，一支支」，這兩種東西都會傷人（傷心）的，就像一種利器（兵器）。而此物，不過是父親的咳嗽聲，竟能在兒子心中產生極大撞擊力，表示兒子的一顆心和情感是掛在老父身上的。

詩意的經營從第一段到第四段，以漣漪式的逐步擴張，從最先敲擊心的板壁上，接著如箭射在家屋田野等。最後「投射在那些當年留下的／或大或小尚未結痂的傷口上」，表示「父親的咳嗽聲」已成永恆，父親的形像行誼永遠留在兒女心中。賞讀〈歇睏一下〉。（註⑤）

父親是個道地的農人
每天都把全副心力用在農事上
把田地當作他的家園
恨不得那些田地盡快肥壯起來
扶犁耕地，插秧種稻，除草施肥
培植出每年豐收的水稻
和一家溫飽的生活
整日連夜，休息一下都不
做得汗流浹背，土頭土臉
沒聽他喊過一聲累
全家人都為他不忍
「歇睏一下吧！」
他卻仿佛沒聽到
這樣不停地工作

年輕時沒什麼問題
年紀一大就漸漸顯得支撐不住了
家人勸他稍為休息一下
他卻總給當耳邊風
直到晚年，年老力衰
他仍然執意埋頭農事
家人真拿他沒辦法
就在一九七九年八月那一天上午
哦，命定的時刻
他從田地裡匆匆回到家
默默地往牀上一躺
家人發覺有異，問他
他只回說：「歇睏一下。」
然後就不再言語了。
何止是「歇睏一下」？

從那天起
他就休息了
而他念茲在茲的田地呢？
巧遇台灣稻田的沒落
也漸漸跟著他休息了

三十四行不分段的詩，緊緊的連續在一起，中間完全沒有「歇睏一下」（分段），就像詩人父親的一生，永不止息的做農事。從年輕做到老，從老做到死，沒有片刻休息，沒有任何現代人所謂的「休閒、度假、娛樂」概念，反正操勞到死為止。

這樣的「故事」，我清楚明白，因為我的上一代人（母系）親戚也是務農，我從小也參與一些農事長大。我看那些父祖輩農夫，也是沒日沒夜的幹活。我大阿姨就曾說她嫁來三個多月，還沒有看到過丈夫的臉。為何？女人早晨三點多就要起牀做很多事，四點多早餐備好，男人吃飯時她要「躲」到廚房，天沒亮男人上田裡，很晚下田回家吃飯，男人吃飯時女人都要「躲」起來，飯後男人都早早上牀，那是點油燈的年代，女人整天很難看到自己男人的臉，多神奇的年代。

老一輩的農夫，他們確實整天只知幹活做農事，因為他們也不會別的，土地是他的一切。一年四季都有不同的農事，不停的工作使他心靈充實，所以像詩裡這位父親從不「歇睏一下」，我能感同身受，我也曾見證過這樣的父祖相同的形像情境。在我走過的年代，民國四十、五十年代，那時的人只知苦幹實幹！

這首詩裡有三處「歇睏一下」，安排的很巧妙，第一句是家人不忍說歇睏一下，第二句是父親自己說，這兩句象徵人生「生死的距離」，很有力道。尤其父親自己說的「歇睏一下」，有些暗示，他真的要休息了。最後一句是詩人自己問說何止是歇睏一下？根本是永遠休息了！

最後順帶點到台灣農業發展過程，「巧遇台灣稻田的沒落／也漸漸跟著他休息了」。詩外之意，暗示台灣農業土地的利用，是有待改善的，終究中國人是以米為主食的民族，稻田不能全廢了。

這首詩的核心價值，是兒女對父親過度操勞的不捨，孝心是無價的。但身為父親之所以能給兒女留下永恆的懷念，正是這種「犧牲享受、享受犧牲」的形像。賞讀〈爸，回家吃飯〉。（註⑥）

是傍晚時候
要吃晚飯了
飯菜已備就

我往後院去喊父親吃飯
我邊走邊大聲地喊：
「爸，回家吃飯！」

他總是兀自忙著
常常忙得忘了吃飯
每次要被喊才會回來

我和我的喊叫聲音
穿過黑暗的空間
向四面八方搜尋……

可是，我找不到他
也沒有得到他的回應
他哪裡去了？

然後，我碰到一個人
他在黑暗中和我相遇
告訴我，父親走了，不回來了

這是怎麼回事？
父親走了？不回來了？
我一下哭了

這是一首「造境」之作，並非真的去叫爸爸吃飯，才發現爸爸走了，不回來了。從真實感情中提煉，創造出流露父子深情的詩境，空間安排也好像在不同的世界，詩人有穿梭時空想要去找尋父親的企圖。

「穿過黑暗的空間」，這裡詩意暗示他將到達另一空間。「然後，我碰到了一個人……不回來了」，顯示詩人到另一世界，才有人告訴他，父親走了，才驚覺父親是永別了。其實詩人早知父親走了，只是心裡不願接受，不願意接受父親走了的事實，乃父子情深使然。

詩人另一首〈父親的畫像〉，末段這樣說，「啊，我越來越像我父親了／越來越像我父親？／不，我越來越向我父親了」。（註⑦）巧妙的從「像」到「向」的運用，象徵詩人追隨父親的腳步，這是一個身為兒子的對父親永恆的懷念。

詩人寫母親的詩

孩子和母親比較親近，和父親關係則嚴肅，這可能是中國傳統一般家庭的普遍現象。例如有關許家、父親的故事，都是媽媽說的，父親是寡言又拼命工作的人。賞讀〈詠母親〉一詩。（註⑧）

1 黎明尚未完全將黑暗擠進牆角

她已起床
步入廚房

嫣紅的火光照紅了她的臉
嗆人的黑煙也激出了她的淚
她一無怨言

她靈巧的手調製出
所有可人的美味
所有甜美的生活

2

時光的漂白粉
在她的髮上漂染著
把她的頭髮漂染得雪白了

憂勞的雕刀
在她的臉上刻畫著
把她的臉刻畫出皺紋了

白髮和皺紋是多麼璀璨
裡面全藏著愛和美
蘊藏著子女的尊敬和感謝

3

有一雙手，在我的心頭
雖然粗糙而多皺
卻是世界上最美麗的手

那是操作家務的手
那是推動搖籃的手
當然，它也曾纖細滑潤過

雖然粗糙而多皺
它是世界上最美麗的手
因為它是母親的手

區分成三大節九小段的〈詠母親〉，三節是不同階段和情境的區隔。第一節以母親從年輕開始操勞家務，進行客觀情境的描述，「嫣紅的火光照紅了她的臉／嗆人的黑煙也激出了她的淚」，讓我也憶起我上一代婦女乃至我母親，早起在竈前升火的情形。這一節的描述，寫實又具象，讓人如臨其境，都想起了自己的媽媽。

第二節的三小段，抽象又意象，「時光」本是很抽象的，用「漂白粉」使其具體化。「憂勞」也是抽象，以「雕刀」具體形像化。時光產生強烈的意象是「把她的頭髮漂染得雪白了」，憂勞產生的意象是「把她的臉刻畫出皺紋了」。這些代表的意義是什麼？白髮和皺紋裡，「蘊藏著愛和美／蘊藏著子女的尊敬和感謝」，這是世間母愛的偉大。

這世界上不論任何生命物種，只要是母愛都是偉大的。詩人早期有一本散文集《夏蔭》，有〈母愛〉一文，描寫早年農村一景，老鷹抓小雞，母雞和老鷹決戰。只要小雞

安全得到保障，母雞一切犧牲都甘願，母愛何其偉大！多可讚頌的母愛呀！（註⑨）

第三節三小段情境移到詩人，詩人深感母親的手在他心中，無論如何粗糙都是世間最美的，這是親情的昇華。根據心裡學和潛意心理學理論，兒子和媽媽親近，女兒則和爸爸親近，因為當中有「潛在的情侶」關係，是否如是？我並沒有深入研究，不知讀者以為然否？賞讀〈媽媽的臉〉。（註⑩）

媽媽的臉是一枚
會隨時間變化的月亮
小時候我看見的是上弦月
隨著時間的推移
慢慢地，它慢慢地圓了
而且燦爛輝煌了
然後，它又慢慢地缺了
成為下弦月了
這時候，它慢慢地

失去光芒，越變越小
終於模糊不見了
唉，我的眼淚
終於止不住了……

〈媽媽的臉〉極有意境，亦有多層次意涵。以明月的變化象徵媽媽的臉，一者意涵人生是一種輪迴機制，生死有無圓缺都是輪迴的、相對的；再者象徵月有陰晴圓缺，人有悲歡離合；三才是形容媽媽從年輕到老的臉型變化，身為兒子的甚為不捨，永遠都牽掛在心。

媽媽終究會老去，「失去光芒，越變越小／終於模糊不見了」，人的生命日漸微弱，終於大去，這雖是一切眾生之必然。只是人對於現在保有的，都不能接受失去。但千古艱難唯一死，親情怎能說放下便可放下？每思及此，眼淚就止不住的掉下來……賞讀一首很有創意的詩，〈一雙皮鞋〉。（註⑪）

我有一雙皮鞋
那是一雙很寶貴的鞋子
也是一雙很具傳奇性的鞋子
由世界上最高明的製鞋專家
用世界上最好的皮製成
千金難買，萬金不換
我一直很珍惜它們
千方百計設法保護它們
盡量不讓它們受到任何一點傷害

可惜當我告訴別人時
他們都說我是在吹牛，在說故事
他們問我那最好的皮是什麼皮
是從什麼時候開始穿的
最高明的製鞋專家又是誰？

我坦然告訴他們：

那最好的皮是踢到石頭會流血的真皮
我從有生命時就開始穿了
最高明的製鞋專家則是
賜給我生命的母親

這首詩十分有創意，又有點趣味性和故事性。讀者讀第一段保證還不知道答案，詩人故意漸漸引人進入情境，想要一探底細，到底什麼好皮鞋！也想去買一雙，詩一開始就設了「尋寶遊戲」。

第二段大家都不相信世間真有這種寶物，以為言者在吹牛，並且問了一大堆問題，都尚未有答案。到此，詩人仍在操作「肯定→否定」的佈局技巧，讓後面的「肯定」產生最大落差，製造驚奇效果。

第三段到最後一行，才終於有了答案，原來這雙皮鞋是詩人的雙腳，來自賜給生命的母親。嚴格說賜給生命是父母二者才行，人類到目前為止，女性不能「單性繁殖」，所以這雙好「皮鞋」是父母給的。

許其正詩寫父母的詩，還有如〈臍帶〉、〈重疊的影像〉、〈懷念〉、〈媽媽，請妳要保重〉等，都是赤子心血的詩寫，若無對父祖土地田園有深厚的情感，若無對中國傳統孝道有深刻認識，斷難在其內心深處醞釀如此詩馨之親情，讓血濃於水的血緣關係，成為恆久不變的珍情！

註釋

①陳福成，〈現代社會外遇思潮研究：社會現象的觀察、判斷與預測〉，《青溪論壇》創刊號（台北：台北市青溪新文藝學會，二〇〇八年元月十五日），頁二一一－二一六。

②《人間福報》，二〇一六年八月廿六日，第十一版，或當日各報。

③許其正，〈紅龜粿已經變味〉，《走過廊仔溝》（台北：秀威科技出版，二〇一二年三月），頁一六二－一六四。

④許其正，〈父親的咳嗽聲〉，《盛開的詩花－許其正中英對照詩選》（重慶：環球文化出版社，二〇一二年五月），頁二九〇－二九一。

⑤許其正，〈歇睏一下〉，同註④書，頁二九二－二九五。

⑥許其正，〈爸，回家吃飯〉，同註④書，頁二九六－二九七。

⑦許其正，〈父親的畫像〉，《Stepping》，New Delhi, India, Authorspress，二〇一六），P.八七。

⑧許其正，〈詠母親〉，同註④書，頁一五四－一五七。

⑨許其正，〈母愛〉，《夏蔭－許其正散文自選集》（屏東：自印，民國六十八年八月一日）頁一〇〇－一〇二。

⑩許其正，〈媽媽的臉〉，同註⑦書，頁一一三。

⑪許其正，〈一雙皮鞋〉，同註④書，頁七八－七九。

第十七章 禮讚佛法，菩提心、朝佛行

許其正眾多現代詩作中，雖可歸於一個總類「田園詩人」，所謂山水田園土地，其實都不離「自然法」，即是自然法也就會是佛法。因為佛法所述之因緣、因果、緣起、輪迴之法，都是宇宙間的自然法。惟本文特將範圍縮小，針對詩人直接禮讚佛法的詩作，〈菩提心〉、〈朝佛行〉二帖，賞析衍繹解讀之。

常親近佛法的人，一定聽過師父們講過「菩提心」一詞，大致都是叫人發慈悲心、發好心之謂。惟大多並未深入知其詳，正好筆者於二〇一二年八月，參加佛光山「全國教師佛學夏令營」，永本法師和依空法師都講到菩提心。（註①）按當時筆記大師講授，簡介菩提心內涵。

佛將人的心願大約分成三個等級：㈠增上心、㈡出離心、㈢菩提心。若人對未來或來生，都期待更好、更殊勝、更圓滿，用現代術語叫「升等」，佛語叫「增上心」。既然要「升等」（增上心），就得有所為，例如布施、持戒、禪定等。什麼都不做不為，升等不會從天上掉下來，這是很現實的。

「出離心」簡單說，就是不願再受生死輪迴的痛苦，要解脫生死。這當然是不容易的，生死輪迴的因素是「無明」。發出離心者，必須修持戒、修禪定、修般若智慧，這種智慧的具體內容是「八正道」，即正見、正思維、正語、正業、正命、正精進、正念、正定。

「菩提心」者，一切法是緣生無自性，一切法即空性，所以有人因此發菩提心，生生世世，廣度眾生成就佛道。菩薩也是觀緣起法知世間即出世間，有為法的當體即無為，所以不畏生死、不證入涅槃，行菩薩道，直至成佛，此即菩提心。

簡說「發菩提心」，菩提是覺悟之意，發「阿耨多羅三藐三菩提心」，就是發無上正等正覺之心，發「上求佛道、下化眾生」之心。《華嚴經》云：「忘失菩提心，修諸善法，是名魔業。」古德亦說，「修行不發菩提心，譬如耕田不下種。」均見發菩提心重要，若耕田不下種，豈不白做工！

在《華嚴經》〈初發心菩薩功德品第十三〉，講發菩提心的因緣有：㈠欲不斷佛種故，發菩提心。㈡欲充滿十方一切世界故，發菩提心。㈢欲悉度脫一切眾生故，發菩提心。㈣欲悉知一切世界成壞故，發菩提心。㈤欲悉知一切世界中眾生垢淨起故，發菩提心。㈥欲悉知一切世界自性清淨故，發菩提心。㈦欲悉知一切眾生虛妄煩惱習氣故，發菩提心。㈧欲悉知一切眾生死此生彼故，發菩提心。㈨欲悉知一切眾生諸根方便故，發菩提心。㈩欲悉知一切眾生心心所念故，發菩提心。㈩一欲悉分別三世一切眾生故，發菩提心。㈩二欲悉知一切諸佛平等境界故，發菩提心。

可見發菩提心是「知易行難」，行且困難，知也不易，絕大多數人亦不知其詳。任何有「增上心」之人，花時間做功課，都能講得頭頭是道。但古今以來，多少學佛之人，能發菩提心「行菩薩道」、「上求佛道、下化眾生」，這樣的聖賢佛菩薩，必然是極少極少的。今有現代田園詩人許其正，有〈菩提心〉一詩，不知其對人生佛法感悟如何？（註②）

假使熱鐵輪，於汝頂上旋；
終不爲此苦，退失菩提心。

——佛經

如釋迦牟尼，你端坐著
在市廛之中，在菩提樹下

一列菩提心在你的胸中
亮著，懸著……

（菩提本非樹
你的菩提心則是心
但可知而不可觸
明淨，不染塵埃，不須拂拭）

行者畫地為牆
你端坐其中，如三藏，但無身（註1）
八苦在外，攀牆探首窺視（註2）
——你的菩提心
你的菩提心很亮，如一列明燈
你的菩提心悠然把八苦
全盤地置於牆外

業如熱鐵輪，在你的頂上旋（註3）
你不為所動，不為所苦
你說：「業誘不動我」

牆外依舊囂鬧不寧，你端坐
胸中亮著一列菩提心
在其中，智慧發出沙沙的聲音
繼續不斷地在萌芽，生長……

（原詩作者註）1.無身者，無大患。語出老子。其言曰：「吾之大患，為吾有身；及吾無身，吾有何患？」2.八苦，生苦、老苦、病苦、死苦、怨憎會苦、愛別離苦、求不得苦、一切無常五蘊苦，是也。3.業，苦之因，乃有情之行為。

這首詩提到「業」的觀念，業是佛教的重要思想理論，可概指人一生做的各種身口意的「行為」，起心動念也是一種行為。由於佛教在中國流傳二千年了，就算完全未接觸佛教的鄉巴佬，也知道「業」的道理，說出「自己作業自己擔」這樣的話，或說「個人吃飯個人飽、個人作業個人擔」。所以，佛教二千年來已成中國國教。

「業如熱鐵輪，在你頂上旋／你不爲所動，不爲所苦」，因為「業」必須自己承擔，造了惡業如熱鐵輪，天天在你頭上磨。所以《大莊嚴論經》說，「一切諸世間，皆有善惡業，善惡生五道，業持眾生命。」善惡都有因果業力輪轉，種什麼因得什麼果！因此，就佛教論述，善惡業掌握在自己一念之間，要離脫惡業之苦，感受人生的解脫自在，要廣種菩提因。

人云身是假，我曰身是真，
藉此假面孔，廣種菩提因。

人身只是因緣之假合，但當下生老病死的人身是真。所以這個身體真是亦真亦假，我們就運用這個因緣合和的身體去「廣種菩提因」，深植善根，「上求佛道、下化眾生」。有好因必有善果，所以菩提心是學佛修行的根本，只有菩提心可以創造永恒的生命價值。

〈菩提心〉第一段，修行者在紅塵之中，紅塵乃五濁世界，要怎樣修行？就靠著菩提心在胸中亮著，才能堅持菩提修行路。弦外之意，有暗示詩人一生「走自己的路」，是很艱難的，他堅持以詩修行。

第二段菩提本非樹，明鏡亦非臺，人世間「一切有為法，如夢幻泡影，如露亦如電，應作如是觀」。所謂「過去心、現在心、未來心」皆不可得，菩提心又何在？「你的菩提心則是心」，是心，乃當下菩提心。「明淨，不染塵埃，不須拂拭」，即《心經》曰：「不生不滅、不垢不淨、不增不減」，可證詩人對佛法是有領悟的。詩人佛性本就具足，本來面目清淨，故不須拂拭。

第三段面對人生眾苦，最難了脫，詩人用老子「無身」之法解脫。佛法則用「凡所有相皆虛妄」解脫，《金剛經》講不以色身見如來，佛陀和須菩提有一段重要對話。（註③）

「須菩提！於意云何！佛可以具足色身見不？」「不也，世尊！如來不應以具足色身見，何以故？如來說具足色身，即非具足色身，是名具足色身。」「須菩提！

於意云何？如來可以具足諸相見不？」「不也，世尊！如來不應以具足諸相見。何以故？如來說諸相具足，即非具足，是名諸相具足。」

不以色身見如來，已證得「法身」的如來，遍滿虛空，穿越時空，何處不是清淨法身的顯露？「如來」是佛的德號之一，如來真性，如如不動，充滿法界，隨感而見，來固非來，去亦非去，因無去來，故名如來。這「法身」概念有些類似我國儒家提出的「三不朽」，無身的老子、孔子、孟子……他們已修得「法身」，不是嗎？

從〈菩提心〉一詩看，詩人對佛法是有認識、有修行並有領悟的。否則，「再苦都不怕／再孤獨也無所謂／自己一個人走自己的路」。（註④）這是熱鐵輪於汝頂上旋，汝不為所動，不為所苦，堅持走自己的路。賞讀一首〈朝佛行〉。（註⑤）

迎著山，我一步一步地移動著腳步
迎著山，迎著生長著層層障礙的山呀山山山……
佛在高處亮著「皆大歡迎」的笑的光芒

超度的木魚叮噹在佛的身旁
——雖然在半山間，我仍清清楚楚地感知著

我一步一步地移動著腳步，應和著木魚的叮噹
我越來心胸越寬闊越慈悲，眼界越遠大越深廣

應和著木魚的叮噹，我一步一步地向前向上向高向佛……
應和著木魚的叮噹，我一步一步地遠塵而純淨……

註：一九六七年三月廿一日，與吳濁流先生往遊圓通寺，遂得此詩。
按：許其正查證為一九六五年三月廿一日，上註年度係依《盛開的詩花！許其正中英對照詩選》記載，有誤。

朝山、朝佛是佛教的修行方式之一，其他宗教也有類似活動課目，效果如何！就因人而異。但至少讓人生起慈悲心，眼界心胸更寬大，為人更謙卑，這應該是有的。否則，豈不白做工！

《金剛經》提到，三千大世界所有財寶，都持用布施，其福德尚不如為人演說佛法。今有詩人許其正，以詩講經說法，啟蒙眾生，其福德亦大。

註釋

①二〇一二年八月，佛光山「全國教師佛學夏令營」研習，永本法師講題〈發菩提心的意義〉，依空法師講題〈《華嚴經》十地思想〉。

②許其正，〈菩提心〉，《盛開的詩花－許其正中英對照詩選》（重慶：環球文化出版社，二〇一二年五月），頁一一四－一一七。

③可見任何一部《金剛經》，本文以星雲大師著，《成就的秘訣：金剛經》（台北：有鹿文化出版，二〇一一年二月二十一日），附件二。

④許其正，〈走自己的路〉，同註②書，頁三五六－三五七。

⑤許其正，〈朝佛行〉，同註②書，頁一一二－一一三。

第十八章　世界詩人大會，國際詩學交流

花了很多時間，研究這位我認為從吾國陶淵明、王維、孟浩然等田園詩人以來，可以承接他們「田園詩風」最傑出的田園詩人，現代田園詩人許其正先生。現代詩家雖也有田園詩創作（筆者也寫過幾首），惟質量均差許其正甚多，無法自成一家，更不可能如許君自成一完整田園詩作之豐富體系。

最初我似有一個疑問，許君生於農莊田園，一輩子長於田園農莊，詩寫農莊田園大地之真善美，以歌頌人生光明面、勉人奮發向上，有益世道為人生之使命感。如是者，他有多少國際觀？後來請他補充了〈年表〉（附書末），才發覺他對國際文學交流也很積極。

許君於一九九四年（五十五歲），第一次參加第十五屆世界詩人大會，一九九六年又參加第十六屆世界詩人大會（在日本），次年再參加南韓舉行的第十七屆。參加了這些國際文學活動，詩人逐漸開展了寬廣的國際視野。

積極於中外詩作翻譯出版則是退休後的事，獲國際上許多詩歌文學獎項和榮譽（均

見年表）。二〇〇六年（六十七歲）前往蒙古國參加第二十六屆世界詩人大會，二〇一一年（七十二歲）前往美國參加第三十一屆世界詩人大會。

凡此，這些國際文學交流過程中，也有不少文學創作，這些作品是許君豐富的田園詩作體系之一部份。賞析、研究許君現代詩創作，若略過這些作品，即未能窺見這位田園詩人在其沃壤肥田裡，到底還「種」了哪些詩果！為此，本文選擇幾首有代表性的國際詩歌交流作品。賞讀〈戶外詩歌朗誦〉。（註①）

我們來這裡朗誦詩歌
我們，從世界各地來的詩人
我們盡情地朗誦
以各種不同的語言
以各種不同的詩體

其實我們這只是參贊而已
更偉大的詩人早在這裡朗誦過了

而且從沒間斷過
他們是流水、風、樹木、鳥雀……
只是因我們加入而更加熱鬧罷了

我們盡情地朗誦
我們熱烈地朗誦
把詩的聲音撒佈開去
讓世界充滿詩歌
讓世界充滿和平

以各種不同語言
以各種不同詩體
朗誦著，朗誦著
當然，除了我們還有
那些流水、風、樹木、鳥雀……

當我們朗誦告一段落離去
距離再遠，我還是能聽到朗誦聲不斷
不是在記憶裡的我們的朗誦聲
是永恆在那裡朗誦的詩人的朗誦聲
——那些流水、風、樹木、鳥雀……

註：一九九八年八月二十四日下午，參加第十六屆世界詩人大會的各國詩人，移往前橋文學館（荻原朔太郎紀念館）前廣場小溪鋪蓋上作詩歌朗誦。各國詩人以各國詩體和本國語言朗誦，極為熱烈。作者也以國、台語各朗誦〈山不講話〉一詩。結束後，本詩一直在作者心中蘊釀，至今十年，始告完成。

許其正按：一九九八年係一九九六年之誤。

相信許多人都聽過蘇東坡和好友佛印對話的一則故事，蘇東坡向佛印說：「我看你像一堆屎！」佛印說：「我看你像一尊佛！」這故事是給人啟示，你心中是佛，看世間人都是佛；你心中都是屎糞，看這世界人，便無一是人，全是禽獸屎糞！

這故事是有道理、有根據的。從田園詩人眼中看出去，世界到處都是田園詩，流水風雲鳥雀等，都是詩人也都是詩。就詩學藝術言，這就是意境和心境，如陶淵明〈飲酒歌〉，「結廬在人間，而無車馬喧。問君何能爾，心遠地自偏……」有心境，便能心遠地自偏，藝術意境由心而生焉。

〈戶外詩歌朗誦〉一詩有一特色，大自然的位階拉得比人高，比詩人們高。「其實我們這只是參贊而已／更偉大的詩人早在這裡朗誦過了／而且從沒間斷過／他們是流水、風、樹木、鳥雀……」從哲學、文化、思想上論，自然位階高於人類是對西方文化的批判，因為西方文化文明是要征服自然的。而中國文化裡，對大自然是要尊重和敬畏的。

這首詩也體現詩人一向的田園詩風，荒野田園、行雲流水、鳥雀物種……都是詩，把這樣的詩風介紹給世界各國詩人，也體現了中國詩的本質和特色「意境論」。賞讀詩人參加第三十一屆世界詩人大會作品，〈詩朗讀，在草坪上〉。（註②）

那個上午，陽光特別燦爛
到處閃著明亮的光芒

不熱，正好讓人微微出汗
陣陣微風徐來，分送清涼與舒爽
我們來作詩朗誦
在那一片綠毯似的草坪上

我們盡心盡情地朗誦者
朗誦的聲音是
那麼柔和，那麼動人
香氣般撒播而出
帶著感染力
穿過空間
穿過樹蔭
穿過陽光
無孔不入
沒有什麼能阻擋得住

那些草和樹靜聽著，是沉醉了
那些鳥兒受到感動，也以歌聲相和
那些陽光則更燦爛明亮了
這裡的一切都浸浴在濃濃的詩意中
啊，有詩真好！
詩，是天地間不能缺少的寶物！

註：二〇一一年八月三十日上午，第三十一屆世界詩人大會的節目，進行到 Kenosha 南北戰爭紀念館前草坪上作詩朗誦。是為記。

賞詩讓自己也進入詩的情境中，就像「現場重建」，你也在那陽光燦爛的草坪上，「陣陣微風徐來，分送清涼與舒爽／我們來作詩朗誦」。這時，詩人情意已和大自然同在，才會有接下來朗誦的聲音，「穿過空間／穿過樹蔭／穿過陽光／無孔不入／沒有什麼能阻擋得住」，聲音永遠存在大自然中，大自然就是詩了。這是田園詩人一向的詩風，各章大約均見這種風格。

詩歌感動了草樹鳥兒等，這是詩人心境的變化，所謂「情往感物、物來動情」是也。「啊，有詩眞好！／詩，是天地間不能缺少的寶物！」詩人以一生歲月論證，有詩真好，詩乃天地間之寶物，田園自然風格的詩更是寶物中的寶物。詩人寫參加第三十一屆世界詩人大會，還有一首作品，〈湖港之晨〉。（註③）

從四樓玻璃窗東望
前方沒有任何障礙物
這湖港的晨景一覽無餘
似特意為我而設的視窗

在寬闊的穹蒼下
同樣蔚藍的水面
像一面寬大的藍色銀幕
讓水波以其微漾，和晨光

共同精製著閃閃金鱗
成群海鷗矯翼
或高飛或低翔或俯衝
以港和四周的靜物為背景
配合著水面不時魚躍的律動
展示出動和力的美

晨光輕輕挪動著腳步
大地漸漸醒來了
天色漸漸明朗
可以肯定的是
今天一定是個好日子！

註：第三十一屆世界詩人大會期間，作者住在 Kenosha 的 Best Western Harberside 旅社四樓，舉目窗外，密西根湖的 Kenosha 港灣便在眼前，每日醒來便可見其動的美感。

〈湖港之晨〉，健康、明朗、田園風格，讀者靜心讀這首詩，會有想要去那地方住幾天的衝動！為感受「讓水波以其微漾，和晨光／共同精製著閃閃金鱗……」這詩中的自然之美，就由讀者客倌自行體驗了。

本文試圖從許其正所參加的國際詩歌活動創作詩品中，窺其田園詩之另一面向，許君參與國際活動不多。但他國際文學交流最大貢獻不在參與活動，而在他的作品已被譯成英、日、希臘、蒙古、希伯來、俄、法與葡萄牙等多國文字。把中國文學詩歌推向世界，讓各國了解中國文學，許其正「功勞卡大天」，功德無量！

註釋

①許其正，〈戶外詩歌朗誦〉，《盛開的詩花－許其正中英對照詩選》（重慶：環球文化出版社，二〇一二年五月），頁五八－六一。

②許其正，〈詩朗誦，在草坪上〉，同註①書，頁二三二－二三三。

③許其正，〈湖港之晨〉，《Stepping》（New Delhi, India, Authorspress，二〇一六）P.五。

第十九章 退休眞好，解放與囚徒之間

人生到底怎樣才能得到自由、解放，或永遠是被奴役的「囚徒」，可以很浮面的解，也可以追到很深的宗教、哲學思想層次。現代人被民主政治「洗腦」所知的「自由」，乃至所謂「自由主義」，都極為浮淺。民主政治的「自由」理念，發展到最後的結果，不是人人自由、解放，而是人人不自由、被更多奴役。因為民主政治（西方式）發展下去，就是「人人自危」的社會，人人都我行我素的放縱，成了人人不自由，人人是囚徒。

真正的自由、解放，是佛法上的「守戒」（如三戒、五戒、十戒、菩薩戒等），或如孔子「從心所欲不逾矩」。這才是人生真實而徹底的解放，人如果要「擺脫鎖鏈」，不被一切外物外境所「纏」，須要從哲學高度認識「自由解放」和「奴役囚徒」的深層意涵。

西方古羅馬有一斯多亞學派（Roman Stoicism），創始人是芝諾（Zeno of Citium, 336-264.B.C.）。在羅馬時代，這個學派有三位重要思想家，孫納嘉（Seneca Annaeus, 3-65.A.D.）是名臣、馬嘉斯（Marcus Aureliu Antoninus, 121-180, A.D.）是皇帝、愛匹克迪泰斯（Epictetus, 約公元 50~120）是奴隸。在西方思想史上，在論述自由與奴役問題

最特殊深意又最享有自由，是奴隸思想家（philosopfer-slave）愛匹克迪泰斯。（註①）

愛匹克迪泰斯的自由觀，從自然法開始，認為人、社會和自然是合一的，人只是自然的一部份，人要獲取自由須向自然學習，去人欲順應天性，可不斷接近自然，而與宇宙合一，此種精神狀態即是真自由。世間眾多可以奴役人者，如暴君、金錢、美人、頭銜、地位……都會讓人成為囚徒和奴隸，理解囚徒的形成有助於我們思考自由的真意。是故，自由的定義應是「自我控制」（Self-Control），或「自我衝動的克服」（Overcoming of onés own impulses），這是「內在自由」（inner liberty），內在自由是一切自由的基礎，內在自由不成功，外在自由皆不可得，且可能淪為奴隸囚徒。這也反證，是不是奴隸？有沒有自由？不是外境外物身份可決定的，而決定在「內在自由」之成功與否。所以，人要追求「終極自由」，不在外在政治環境如何！而在自己內心如何！

愛匹克迪泰斯的自由解放論，建立在澈底的「無慾」基礎上，人類是否有此可能？自由乃指「無欲」或「以理化情」，都是很高的精神修養。孔子認為可以達成的，如他「七十而從心所欲不逾矩」，悲觀哲學家叔本華（A.Schopenhauer）認為不可能，人永遠被欲望驅使到死為止，永無自由。愛匹克迪泰斯認為不難，我也認為人是做得到的，佛光山很多高僧他們守五戒、十戒乃至菩薩戒，他們「內在自由」成功，外在自由「從心所欲不逾矩」。

研究許其正，他生於自然田園，長於田園自然，詩寫自然，他的自由觀、人生觀源於自然法，這才讓我想起古羅馬這位自然法思想家。古今人人都想得到自由，獲得解放，不當囚徒，詩人許君亦是。本文選擇幾首他思考自由問題的作品，賞讀〈擺脫鎖鏈〉。（註②）

漸漸地，有人發覺我和以前不太一樣了
最大的不同是
沒戴手銬了，連手腕上那道銬鏈的痕跡也不見了

是了。幾十年下來
像罪犯，我被鎖得緊緊地
朝八晚五，我被手銬控制著
手銬甚至干涉我的一言一行
有些話不能說，有些事不能做

有些話非說不可，有些事非做不可
手腕上那道白白的痕跡是一道逮捕令
我那時沒有自由
我那時被鎖鏈緊緊地鎖住

現在，我像一個囚徒，被釋放了
是自從退休以後
我可以睡到自然醒
我可以過我小時的日子
我可以整天窩在家裡從事我喜愛的寫讀
我可以依日影的推移行事
我並且可以鬍鬚頭髮不理，任其自由瘋長
手錶的滴答，去他的
手錶管不到我
我是一匹無繮的野馬

愛怎樣就怎樣，要去哪裡就去哪裡
漸漸地，我不戴手錶了
漸漸地，我手腕上那道手錶的痕跡不見了

很多人說過，「人生退休才開始」，沒退休的人感覺不出，退休的人很快就驗證了「真理」。當然世事有例外，權力欲、指使他人欲很重的人，突然間沒了「位置」失去權力，很痛苦啊！他不懂得「換位置就換腦袋」的道理！

「是了，幾十年下來/像罪犯，我被鎖得緊緊地……」這是所有吃公家飯或吃人頭路者，最常有的心聲，在職場上能自由揮灑得開者，須要在「公關和性格」上有些「慧根」，開悟要早，才有可能「縱橫職場、自由自在」，這叫「職場達人」。詩人，明顯的欠缺這種性格和能耐，因為詩人嚮往自在的田園生活，像陶淵明這麼有才華的人，本來也當個小官，終因不肯為五斗米折腰，而歸隱田園，當個實在的田園詩人。另如王維、孟浩然，也都很想在官場上好好表現，這是中國知識份子的理想，奈何欠缺「職場達人」必須的性格，都只好回家當田園詩人，他們的人生才真正完成「自我實現」。

詩人終於退休了，解放了。現代社會不同於陶淵明時代，說不幹就走人，現代公職不論如何也得混到可以領退休俸，晚年才有保障。許君是五十九歲從新莊國中退休（見書末年表），從此可以睡到自然醒……心想大概從此可以解放了，「**我並且可以鬍鬚頭髮不理，任其自由瘋長／手錶的滴答，去他的……**」。回想筆者退休時，兩年多不理髮，留得一頭披肩的秀髮，比搞樂團的還酷，詩人像一匹無韁的野馬。但不久，他又被一條「繩子」纏住了，賞讀〈纏〉。（註③）

從退休那時起
就把手錶扔了
曾經信誓旦旦不再去戴
以免被時間的鎖鏈所綁

已經十幾年沒戴手錶了
沒什麼公務在身
不再被時間拘禁

不再住既定刻板監牢

是多麼自由自在呀！
做什麼事都可以隨心所欲
可以把思想放手，任其自由奔馳
可以在海闊天空裡自由創造

正自得意，悠哉悠哉過日子
再沒有什麼綁手綁腳的事了
不料女兒前往義大利旅遊
卻買回了瑞士名錶給我

怎麼辦呢？……
經過多日思考
還是戴上吧！

沒辦法呀！

人生在世，不得
不被情絲纏死
有很多事是無法自主的
讓「我手腕上那道手錶的痕跡」再現吧！

註：「我手腕上那道手錶的痕跡」句，引自拙詩〈擺脫鎖鏈〉，收入二〇〇八年五月出版中英對照詩集《重現》。

有孝順的女兒送瑞士名錶，乃天上掉下來的福氣，在這孝道式微的年代，求之不可得，怎會成「纏」？這道理何在？裡面有「無上甚深微妙法」。前面所提愛匹克迪泰斯的自由論，應有一些啟示。人最大的鎖鍊，其實就是「情」字。

佛法的論述，和愛匹克迪泰斯有部份很「相通」。娶個嬌妻是多數男人的心願，但佛經《四十二章經》第三十三章〈妻子甚獄〉如是說：

佛言，人繫於妻子舍宅，甚至牢獄，牢獄有散釋之期，妻子無遠離之念，情愛於色，豈憚驅馳。雖有虎口之患，心存甘伏，投泥自溺，故曰凡夫。透得此門，出塵羅漢。

《四十二章經》講到會「奴役」人的，尚有〈色欲障道〉、〈欲火燒身〉、〈財色招苦〉、〈名聲喪本〉等多章，這些一不小心就讓人成為奴隸，「內在自由」完全破功，「外在自由」更不可得。但我們明明活在紅塵世界，妻子兒女之情不能不顧，如何「不被情絲纏死」，找到活路，找到一點自由和自主性，這不僅須要智慧，也要有些戰略思維。否則，真要去跳太平洋了！

好好思索愛匹克迪泰斯關於自由的定義，「自我控制」或「自我衝動的克服」，如是修行至「無欲」境界，可不跳太平洋，且能如觀自在那般自在。

或按《四十二章經》修行，〈出家證果〉、〈斷欲絕求〉、〈割愛去貪〉、〈我空怖滅〉、〈達世知幻〉等章，都可完成「內在自由」，獲「外在自由」，乃至成就佛道。則從根本上解脫人生，得大自由、大解放。

人雖有佛性，終究從「獸」進化而來，許多欲求與獸所差無幾，自古以來思想家們都提示著「人與禽獸之別幾稀？」人人都不願為禽獸。於是，終人之一生，在「獸」與「人」之間拔河，在自由和囚徒之間拔河，在解放和奴隸之間拔河，在親情的「纏」與「放」之間拔河，或與時間拔河，賞讀〈拔河〉。（註④）

各據一方，站穩腳步，抓緊繩索
他們在拔河

甲隊由青山綠水和田園組成
乙隊由水泥叢林和煙囪組成
甲隊代表傳統舊俗
乙隊代表現代科技
甲隊謹守寧靜和平和
乙隊力推繁榮和便利
一聲開始槍響

雙方各自使出全力，勇猛拉拔
喊聲震天，汗流浹背
時而拉向甲隊方，時而拉向乙隊方
形成雙方拉鋸

這場精彩的超世紀大競賽
哪方會贏呢？
還是勢均力敵，永遠保持生態平衡？

多麼有創意的作品！短短一首詩，包含現在地球上一切的事，你我他一切的事，已盡在這詩意中。開發與不開發的拔河，傳統與現代的拔河，城市與鄉村的拔河，戰爭與和平的拔河……乃至自由與秩序的拔河，解放與囚徒的拔河，發展核武與限武的拔河，地球暖化與降溫的拔河，人類存亡的拔河……

「這場精彩的超世紀大競賽／哪方會贏呢？／還是勢均力敵，永遠保持生態平衡？」憑心而論，真的只有天知道，人和神都不知道，人只是在整個拔河過程中，死命的掙扎、求生！

本文從詩人退休後，感受到退休真好，可以得到身心的自由解放，不久又失去自由被「纏」住了。如是在自由與囚徒間拔河，詩人最想得到的是自由和寧靜。

在台灣當前社會之黑暗動亂，自由與寧靜皆不可得，除非修得以下功夫：㈠老莊之道、㈡儒家「不以物喜、不以物悲」之學、㈢佛法行菩薩道、或㈣愛匹克迪泰斯「內在自由」修至「無欲」之功。能修得四者任一功夫，必獲大自由，得大解放！

註釋

①易君博，《政治理論與研究方法》（台北：三民書局，民國七十三年九月四版），第十章〈愛匹克迪泰斯的政治思想〉。

②許其正，〈擺脫鎖鏈〉，《盛開的詩花－許其正中英對照詩選》（重慶：環球文化出版社，二〇一二年五月），頁二九八－二九九。

③許其正，〈纏〉，同註②書，頁三〇〇－三〇一。

④許其正，〈拔河〉，同註②書，頁二四六－二四七。

第二十章 彩繪晚霞，開創銀髮的春天

這世界唯一真正公平的事，只有人人都要走到死亡這一天，不論以任何方式結束「這一階段」生命，必定會來臨。古今中外，從無任何例外，比牛頓、愛因斯坦任何定律還更「鐵律」。所有定律都有例外，唯眾生必死之鐵律，從無例外，有生必有死。

「能夠老，是多麼幸福！多麼命好！」因為眾生之中，有不少是沒有機會的！未到老就成了「先行者」。我曾碰到一些不智者，譏笑人老，這是愚笨又可悲的行為，他自己不一定有機會老！

「老人社會」來臨，意味著社會總人口中的老人比例增加，有不少社會政策要針對老人調整。例如，健康、醫療、保險、福利等。這些屬於社會環境的整體因素，對老人的養老、送終，如何過有品質的銀髮生活，幫助是很大的，尤以弱勢者更須要社會環境的支持。

但如何過好老年銀髮生活？甚至開創銀髮春天，這關鍵就落在老人自己，別人可幫不上忙。詩人許其正幸福又命好的走上人生的黃昏，他如何面對、適應他的老年生活。

他在《盛開的詩花》詩集序有一段話，「我今年已經七十二歲有餘，是一個『貨真價實』、『如假包換』的老人。機器用久了，必有磨損；人年紀一大，身體同樣會有磨損。」。（註①）東西用久了會壞，也是自然之道。詩人在序裡自問，如何安度老年？洩氣？徒嘆許多事做起來已無能為力，鬱鬱寡歡，成為一個孤獨老人嗎？不是的。人老了還是有用的，至少其一生累積的經驗和智慧是難得的，不能悲觀的，應樂觀以對，作好生涯規畫，多所奮發。最後一程，雖說是日落黃昏，還是要嚴肅度過，要好好地走完。

以上是許其正在一九九八年提前屆齡退休後，曾經歷一場病痛的洗禮，勇敢承受，並檢討、反思，重新調整腳步和心態，有「開創銀髮春天」的勇氣，可敬啊！可佩啊！賞讀他這首〈彩繪晚霞〉。（註②）

退休那天，我突然驚覺
太陽已經西斜
氛圍異常
哦，歲月已經黃昏了

此後，每天每天
我觀賞夕陽在天邊
將戰後嬰兒潮的遲暮
彩繪成五彩繽紛的晚霞
以他們年輕時的拚勁
心中不禁蠢蠢欲動

乃鼓起餘勇
奮力舉起我的筆
驅動我年輕時的拚勁
和他們一樣
彩繪我繽紛的晚霞
每天每天……

退休沒什麼不好

黃昏沒什麼不好
我照樣可以彩繪
——雖則彩繪的是晚霞
卻能彩繪得更為美好

再打開詩人的著作年表（附書末），一目了然，他參與國際文學交流活動、榮獲國際詩歌文學榮譽榜和獎項、多本詩集在國內出版、現代詩翻譯成多國文字出版，現代詩創作以外也寫散文等。可以這樣說，他多數文學成就，是他在退休後的黃昏歲月所創造出來的，他彩繪晚霞，開創了銀髮的春天。

這首詩可以給很多「下流老人」啟蒙。（註③）樂觀的接受人生黃昏歲月，積極起來！快樂起來！調整心態，心念一轉即成「上流老人」。

〈彩繪晚霞〉詩第一段，驚覺怎麼黃昏晚霞出現了，這是正常大家會有的反應。第二段詩人面對晚霞的反思，出現「心中不禁蠢蠢欲動」的轉念；這一轉念不得了，「乃鼓起餘勇／奮力舉起我的筆／驅動我年輕時的拚勁」，銀髮的春天、銀髮的奇蹟、詩人的詩國大業，就這樣開創出來，人生的「春秋大業」是這樣完成的。

經由詩人親自驗證，退休沒什麼不好，很多人沒機會退休；黃昏沒什麼不好，很多人沒機會欣賞晚霞美景。現在，你看〈黃昏・晚霞〉。（註④）

雖然時已黃昏
暮色漸濃
視野更見蒼茫
我卻不頹喪失志
因為我的心中總高掛著
天邊那片
燦爛繽紛的晚霞

很有意境的七行小詩，詩人的人生觀本來就積極的，生命的每個階段都是有目標的。按我對許其正生命歷程的研究與理解，「天邊那片／燦爛繽紛的晚霞」美景，在他年輕時代就已存在心中，那象徵人生有一種理想，詩人（含一切藝術創作者），不應該失去理想性。

曾有人說「手中握有一隻小鳥遠勝天邊雲彩」，這是務實態度，但若緊抓手上小鳥，完全無視或不要天邊雲彩，就永遠只有一隻小鳥，不會有別的。這就是失去理想性的結果，放到其他領域也是一樣道理，相信很多人也聽人批評過，國民黨和民進黨都失去了理想性，才開始沉淪墮落的。有為的人不會失去理想性，有理想性的人不會頹喪失志，如詩人，黃昏有美景，銀髮有春天。賞讀一首〈晚風裡〉。（註⑤）

夕陽西斜了
造物正在天邊全神塗抹
意圖創造一幅多彩的畫
炊煙冉冉上升著
晚風以其纖纖柔指輕撫大地
將悶熱驅走
送給萬物以清涼和舒適

我雖已是從心所欲不逾矩的年紀

卻能享受晚風的輕撫
那是在田野
那是在水邊
那是在牧場
那是在鄉間
那是在夢裡的童年……

人生享受什麼？金銀財寶、豪宅土地、事業成功、官場得意、美女帥哥、吃喝玩樂、美食美酒等，這是一個層次，像是一種本能的需要。層次雖不高，眾生都想要。所謂「人間煙火」，誰能不吃不喝不要？

再高一點的享受，溫暖的家庭、真誠的友誼、真心貼心的愛人、溫馨的夥伴、能相互扶持的戰友。再高的享受，是「犧牲享受、享受犧牲」，佛法上享受「法樂」，所以人生有很多可以享受的。

有的人可以享受寂寞、享受孤獨，這須要境界。人生到了一定年紀，要有智慧提高享受層次，不要始終停留在享受酒色財氣，那是不長進的。詩人「卻能享受晚風的輕撫」，在田野、水邊、牧場、鄉間……享受童年的回億，這是何種境界？

無論如何！人活著須要有動力動能，但明明按物理和自然法則，眾生動力動能都是遞減的，直到最後歸零（生命結束）。有什麼辦法可以在黃昏歲月裡，動力依然旺燃？賞讀〈讓火繼續旺燃〉。（註⑥）

別讓火熄了
如果熄了
那就只剩一堆灰燼
一切都沒指望了
天地會是一片黑暗，一片
寒冷
這樣
你甘心嗎？

所以
要趕緊加油添柴
讓火繼續旺燃
讓銀髮閃光
讓自信紅光滿面
展翅飛翔

心念一轉，世界改觀。所謂「三界唯心、萬法唯識」，是指三界中的一切境界和事物，都是心識所變現。所以佛法的《大乘起信論》才說：「心生則種種法生，心滅則種種法滅。」一如詩人詩曰：「**天地會是一片黑暗，一片／寒冷……自信紅光滿面／展翅飛翔**」，都在心生心滅之間。詩人不甘於心滅，心生就有了動能動力，生命之火繼續旺燃著。

賞讀許君作品，深入思索研究作品和人品之內涵，從年輕到老，他始終散發著智慧的光芒，照亮這個欠缺光明的世道。「**那張臉曾經綻滿春天和花朵／雖然現在佈滿了山脈和澗谷／卻閃耀著智慧的光芒**」。（註⑦）確實，一盞小燈可以照亮生命大道，可以指引或啟蒙眾生，乃至照亮千古，這是真的，《華嚴經》如是說，「譬如一燈，入於闇室，百千年闇，悉能破盡」！

人人都會老，萬物和星星月亮太陽也會老，每一個人面臨老境要如何調整心態？或許也人人不同。但重要的是讓老智慧發光發熱，過快樂又有尊嚴的黃昏歲月，又能開創銀髮的春天，我等除欣賞許君詩作，獲得珍貴啟示，許君也等於提供一種「銀髮模式」，供大家學習。

註釋

①許其正，《盛開的詩花－詩其正中英對照詩選》（重慶：環球文化出版社，二〇一二年五月），頁一四。

②許其正，〈彩繪晚霞〉，同註①書，頁一六四－一六五。

③「下流老人」一詞，流行於日本，越來越多弱勢老人生活在貧窮線以下，政府也無力救他們，任其自生自滅。台灣社會老化也嚴重，未來也必然出現很多「下流老人」，但老人要活的快樂、有尊嚴，根本上要從心態上「自救」，轉念並減欲，樂觀起來！積極起來！快樂起來！放開！放下！就會成為「上流老人」，向許其正學習吧！老人們！

④許其正，〈黃昏・晚霞〉，《Stepping》（New Delhi, India, Authorspress，二〇一六）P. 一三一。

⑤許其正，〈晚風裡〉，同註①書，頁一三八－一三九。

⑥許其正，〈讓火繼續旺燃〉，同註①書，頁三三二－三三三。

⑦許其正，〈那張臉〉，《華文現代詩》第六期（台北：文史哲出版社，二〇一五年八月），頁七二。

第二十一章　黃昏情境裡的波浪：時間與悚然

「人老了只剩回憶」，很多人這麼說，說是也是，說不是也不是，見人見智，因人而異。說是也合理，人到老年「前景」不多，過去的很多，這是必然的，回憶當然就有很多，有人甚至只剩回憶。

說不是，是針對勇於開創「銀髮春天」的人，他雖老了（台灣地區以六十五歲滿為老人），但台灣地區平均壽命，男生約七十八，女生約八十三歲。因醫藥進步，國民也懂得養生，能活到九十歲的人很多，若早幾年退休，人生的黃昏「黃金歲月」可能有二十年。例如，六十歲退休，九十或八十五歲離世，則銀髮黃金可用時間，幾有二十年之長，這二十年可專心做自己想做的事，可以幹出驚天動地的大事業。

但終究人老了，過一天少一天，你不得不和時間拔河。佛經上形容如一條魚在少水的容器中，水一天天少，斯有何樂？凡夫畢竟難以修到《心經》說的「乃至無老死、亦無老死盡」，而達可以享受「涅槃」之樂的境界。我等凡夫有的，大約就是勇敢的在時間和悚然之間拔河。賞讀〈速度如刀〉。（註①）

那隻蚱蜢腿力奇猛
一躍便躍過十年、廿年
乃我所僅見

一躍、再躍，三躍……
沒幾躍
速度便將我削割得
傷痕累累
滿臉滿額皺紋

唉，速度如刀！

「白駒過隙」成語形容人生之短暫，詩人將白駒換蚱蜢，除了有田園詩味，也有童年回憶之情境。成語和詩不同，詩有了情節佈局和意象彰顯。

這首詩前兩段將人生三分區隔，出生不久一躍便到了成年，再躍就到了老年。過程中必有很多困局或傷害，「沒幾躍／速度便將我削割得／傷痕累累／滿臉滿額皺紋」，可見人生奮鬥之「慘烈」，「削割」是悚然之意象，讓這首詩的「力與美」全出。

但人是鬥不過時光的，所謂「閻王三更要拿人，絕不會留你到五更」，人不僅玩不過時光，最後都被時光打敗，從未有例外。所有要「青春永駐」的辦法，最後全失效失能。〈時光呀，你玩著什麼魔術〉。（註②）

日子由光明燦亮而晦暗不明了
夕陽一剎那就墜落
擋不了，拉不住
唉，時光呀，你玩著什麼魔術？

鮮綠的葉子無緣由地枯萎了
可預見的很快要凋落了
寒冬緊接著跟在後面

唉，時光呀，你玩著什麼魔術？
黑亮的頭髮一下就覆滿白雪了
然後被一根根拔除
童山濯濯的景象倏地出現
唉，時光呀，你玩著什麼魔術？

如一輛疾馳的車子，你橫衝直撞
不顧慮是否會出車禍
連善於保護自己的都閃避不及
唉，時光呀，你在玩什麼魔術？

結構整齊的四段十六行詩，意象鮮明又悚然，質問光陰似箭，歲月如梭，到底時光在玩什麼把戲？人只有被「玩」的份，對時光毫無反抗之餘地。面對時光的「窮追猛打」，詩人也多麼無力感！

「日子由光明燦亮而晦暗不明了」，年輕時代竟瞬間過去了，晦暗不明的老境怎麼就要到了。「夕陽一剎那就墜落／擋不了，拉不住」也是很驚悚，擋不了拉不住是把時光具體化，讓時光「玩」人力道加大。

中間兩段以綠葉枯萎和頭髮雪白，兩種意象暗示時光之快速。末段則是無常的暗示，因為所謂老人從六十多到百歲都是。（台灣地區銀髮族團體，把六十五－七十五歲叫青年老人，七十六－八十五歲叫中年老人，八十六－九十五歲叫高齡老人，九十六歲以上叫超高齡老人。）

這中間有幾十年，隨時都會成為「西行者」，不論任何原因！「如一輛疾馳的車子，你橫衝直撞／不顧慮是否會出車禍」，時間就如黑白無常，隨時不先通報就拿人了。人始終不清楚，時光呀！你玩著什麼魔術？

所以別和時光玩，人老了有很多好玩的，可以不顧一切，可以我行我素，可以愛怎樣玩就怎樣玩，錢想怎樣花就怎樣花，沒花掉的都是遺產，所以人老了最好玩，或〈和記憶遊戲〉。（註③）

我有許多記憶

五彩繽紛的，晶亮晶亮的
我給珍藏在一個寶盒裡
只要有空，我便給
倒出來，玩味一番

不管是愉悅的是悲傷的
也不管是人生哪個階段的
他們都五彩繽紛，晶亮晶亮
而且會變把戲，和我玩捉迷藏

只要一倒出來
他們便化作一個個頑童
興奮地到處亂跑亂叫
一再騷擾我平靜的心
我想給兜攏來
他們卻怎麼都不聽話

用什麼方法都沒能讓他們安靜下來……

啊，五彩繽紛的記憶呀
啊，晶亮晶亮的記憶呀

回憶有時是一種樂趣，銀髮時光的安排，要有動態靜態，有社交有知性，要有哲學的理性，有宗教的靈性。還有獨處，享受寂寞和孤獨，享受回憶的樂趣，如這詩和記憶遊戲。

這首詩在技巧上花了心思，記憶本是抽象的，第一段進行視覺化、具象化，「五彩繽紛的，晶亮晶亮的／我給珍藏在一個寶盒裡」。記憶變成可以看見的各種顏色，可能還具體成一個物件。

接著讓記憶活化，活生生的頑童，會和你玩，不聽使喚，「一再騷擾我平靜的心／我想給兜攏來／他們卻怎麼都不聽話」。有時當一個人，在夜深人靜，陷入一陣回憶，就如這詩的情境。人越老這種情境越多，越須要一些轉念。〈遲暮〉要來擋不住，只有驚悚。（註④）

時間抓住我的手
拉著我向前衝

霧好濃
看不清呀

越來越看不清……
越來越跟不上腳步……

矇矓間，有人説：
「給他白髮！」
「給他夕陽！」
「給他冬天！」

被時間強拉著
我幾乎上氣不接下氣
「休息一下嘛！
我好累喲！」
「為什麼不把過去
意氣風發的顏色給塗上？」
時間回頭怒視我
那就要看誰能
在冰原上點燃火燄了

這首詩也是把時間人格化，有點像黑白無常，「時間抓住我的手／拉著我向前衝」，要去那裡？這麼急！「霧好濃／看不清呀……跟不上腳步……」這兩段詩人刻意營造詭異氣氛，像是要走進地府通往閻王殿的路上。尤其時間抓住我的手像來「拿人」，讓人很驚恐！這也是詩的張力。

到第三段「給他白髮！……」，原來時間拉人走向一個叫「遲暮」的地方，人只要走到這裡，就代表一切快「不行了」。「我幾乎上氣不接下氣」，請求時間給些年輕意氣風發的活力，得到的回應是「時間回頭怒視我」，意思說「不要跟時間談條件」。

最後時間如一位智者，對詩人說：「那就要看誰能／在冰原上點燃火燄了」。這句話很有啟示性，意思說詩人雖已遲暮，想要重獲年輕時代意氣風發的顏色，不能「外求時間」，要「內求自己」才有可能。只要詩人有信心、轉個念頭，可在冰原點燃火燄，可在地獄裡創造天堂，這首詩有深意、有境界。

人生也感覺漫長又複雜，你一定經過傷痛吧！「那些被種植／在記憶裡的舊傷痛／用一把火／給全燒了吧／留那些何用？」人生苦啊！忘了傷痛；留下甜美，「在這美好的黃昏裡／該盡情地／觀賞燦爛的晚霞／細細咀嚼甜美的果實／過安適的日子」。（註⑤）在台灣，加上不看電視，遠離政治，才能安適快樂。

註釋

①許其正，〈速度如刀〉，《盛開的詩花—許其正中英對照詩選》（重慶：環球文化出版社，

二〇一二年五月），頁二六二－二六三。

②許其正，〈時光呀！你玩著什麼魔術〉，同註①書，頁二八四－二八五。

③許其正，〈和記憶遊戲〉，同註①書，頁二七〇－二七一。

④許其正，〈遲暮〉，同註①書，頁三〇六－三〇七。

⑤許其正，〈黃昏裡〉，《Stepping》（New Delhi, India, Authorspress，二〇一六）P.一一〇。

第二十二章　「最後這段路」與人生的境界

人生這條路，千言萬語說不盡，因為每個人走不同路，同牀的夫妻也絕對走出不一樣的路。可謂是文章寫不盡，人人路不同，悲歡歲月都是情，情路也是人人各有花樣。雖是人人路不同，唯一絕對相同的，是人人遲早要走上「最後這段路」，而且人生任何階段都有可能步上「最後這段路」，任何年齡層！

能有機會老，是上天給的大恩典，能到老或很老才走「最後這段路」，更是天命加福慧雙修才有的機會。所以，我常跟朋友說，不要怕老，能有機會老是福氣，是天大的幸福，是極好天命。很多人是沒有機會老的……

人生的境界也只有在「最後這段路」，可以顯現並論證出來。一個未老就走上最後路途的人，說他有多大財富、多少萬粉絲，我都相信；但說他人生境界多高，我是存疑的，未經中老年歲月煅煉的「境界」大多空話。人生的境界意境必須以歲月經驗為薪，在爐火中煅燒半個世紀以上，到從心所欲不逾距之年，加上智慧光照，境界才會慢慢高，所以境界絕非嘴巴說說就有了。

我研究詩人許其正一生創作歷程，以及生命歲月行誼行腳，深覺他是承接吾國陶淵明、孟浩然等田園詩人以來，最傑出的田園詩人。先天的文學基因，加上後天的努力和堅持，他的詩品很早顯露不凡風格和境界，到了老年，他竟點燃黃昏燄火，照亮晚霞，也照亮了〈最後這段路〉。（註①）

曾經身輕如燕
曾經時常佩戴無邪微笑
曾經舉重若輕
曾經立意攀摘天上星辰
曾經步崎嶇如履平地
歲月如水不顧一切流逝
如今明眸皓齒已難尋
暮色漸漸轉濃
秋的蕭瑟和冬的寒氣步步進逼
最後這段路

或將與病痛、虛弱偕行
但你不能舉起白旗
且昂起頭來
以此處為起點，重新開始
笑著舉步前行
將日子塗上彩色

這是詩人的奮鬪人生，展現詩人一貫的積極精神。從他年輕時代，「再苦都不怕／再孤獨也無所謂／自己一個人走自己的路」。（註②）到老年，他怎麼可能舉起白旗？他不僅依然昂頭開步，且「以此處爲起點，重新開始／笑著舉步前行／將日子塗上彩色」，詩人也是一個可敬的人生戰士，黃昏也可以是新起點，由此開始再開拓新戰場，挑戰「最後這段路」。

不管最後這段路是怎樣的路？大路、小路，寬路、窄路！其實「萬法唯心」，全在一個心境。心寬可以包虛空，小巷也可以風光，賞讀〈走在長巷裡〉一詩。（註③）

黃昏了！暮色逐步籠罩
雖然視聽漸漸不如以往
卻喜晚霞正自五彩繽紛
已經走了好長的一段路了
長巷還是很長
不知還有多長的路要走

一路走來
有風和日麗的路段
有風風雨雨的路段
還彎彎繞繞……
是了，人生的道路
本來就是崎嶇不平彎彎曲曲的
酸甜苦辣都要嚐味

黃昏了！暮色逐步籠罩
前方還有多長的路要走？
前方的路是好走還是難走？
雖然不能確定
但是，不管有多累多難走
還是不得停下來休息
還是要勇往直前
去欣賞並彩繪五彩繽紛的晚霞

「長巷」除了象徵人老了「路」變窄，這乃正常之事，人越老事越少，責任也越少，人際交往亦日趨減少，路就變成「巷」。再走下去，不久更成「弄」，想必這是人生路的正常過程。

這首詩的「長巷」重要意涵，是現代人的退休後銀髮生涯很長，幾可等同前半生的職場生涯。也就是命很長，活到很老很老，「**已經走了好長的一段路了／長巷還是很長／不知還有多長的路要走**」。確實，我最近四年因擔任「台灣大學退休人員聯誼會理事長」（二〇一三—二〇一六年），我接觸的就是老人、老老人和老老老人，碰到不少這樣說的老老人，「不知道為什麼拖這麼久還活著！」我也不知道，現代人「長巷」很長！

第三段詩人回憶人生路，酸甜苦辣都有。這詩的重點在第三段，前方路況雖不知道，「但是，不管有多累多難走／還是不得停下來休息／還是要勇往直前／去欣賞並彩繪五彩繽紛的晚霞」。不管「長巷」多長，勇敢走下去，人生永遠是彩色的，絕不因老而成黑白，這是詩人的人生哲學、人生觀。

詩人這樣的人生哲學，其實是始終如一的，他寫作一直以人道為基點，在自然田園的真善美景，歌頌人生的光明面，勉人奮發向上，有益世道人生。這樣的人生路是會走出境界的，賞讀〈一轉身〉。（註④）

一轉身
許多春秋已經過去
滿臉印著風霜的腳跡
但聞腳跡哀哀地
噴發出酸甜苦辣的腐臭味……

一轉身
什麼恩怨情愁都已煙消雲散
笑看人間萬般情事
無事一身輕地走
在璀璨晚霞裡……

現代詩形容時間快速，如淡瑩〈飲風的人〉「左肩剛披上秋色／右肩已落滿雪花及鄉愁」，如洛夫〈煙之外〉「左邊的鞋印才下午／右邊的鞋印已黃昏了」。（註⑤）這些都沒有「一轉身」快速。

人生從年輕到老竟只「一轉身」，多可怕又驚恐的事。「一轉身／許多春秋已經過去」，這是就時間歲月來說。但這首詩的人生境界在第二段，「一轉身／什麼恩怨情愁都已煙消雲散」，時間是客觀的抽象，人不能使時間不流走。而恩怨情愁是主觀的情緒，人可以決定要不要放下，人最難在放下恩怨情愁（仇），要很高修行才做得到，人一輩子多少有些恩怨情仇，誰沒有？又誰能真放下？真能原諒傷你的人？

能一轉身（到老年）放下恩怨情仇，我以為人生境界於焉生出。從此，「笑看人間萬般情事／無事一身輕地走／在璀璨晚霞裡……」。人生最沉最重，莫過背一身恩怨情仇；人生最輕最鬆，莫過放下一身恩怨情仇。相信詩人以其生命歷程智慧的「實踐」，檢驗了此項「真理」，真實不虛。賞讀另一首有境界的小詩，相信也是在「最後這段路」，詩人最深刻的智慧小詩，詮釋生死關係的〈鄰居〉。（註⑥）

生和死是
鄰居
一住東
一住西
中間隔一道牆

但是，不管
生也好
死也罷

只要看得開
同樣過得逍遙快樂

人何時才會「發現」生死是鄰居？不是隔一道牆，根本一線之隔，大約都要中年以後，見證父母祖輩的死亡，對生死才會感覺出鄰居的味道。佛經《四十二章經》第三十八章，「佛問沙門：人命在幾間？對曰：數日間。佛言：子未知道。復問一沙門：人命在幾間？對曰：飯食間。佛言：子未知道。復問一沙門：人命在幾間？對曰：呼吸間。佛言：善哉！子知道矣！」人要等到生命存在「呼吸間」，須要何等智慧？何樣年齡？

這首詩的境界，在於詩人感受生死是住在一起的，須要對生死放下、看開，人生才能逍遙快樂。我想，任何人走到「最後這段路」，所要學習的最後一件事，就是放下恩怨情仇，放下金銀財寶，看開生死，快樂彩繪晚霞。

研究許其正的創作人生路，發現他在「最後這段路」，展現了不同於往昔的人生境界，但這種境界並非突然而有。他一路走來，堅持走自己的路，他有不凡的能耐，「苦的是藥／羞辱是糖／不管任何橫逆／吃盡它們／自己便壯大」。（註⑦）能如是者，能不壯大乎？能不有境界乎？

註釋

①許其正，〈最後這段路〉，《盛開的詩花－許其正中英對照詩選》（重慶：環球文化出版社，二〇一二年五月），頁三七六－三七七。

②許其正，〈走自己的路〉一詩之部份。同註①書，頁三五六－三五七。

③許其正，〈走在長巷裡〉，同註①書，頁三七四－三七五。

④許其正，〈一轉身〉，《Stepping》（New Delhi, India, Authorspress，二〇一六）P.二一。

⑤張春榮，《一把文學的梯子》（台北：爾雅出版社，民國八十四年十二月二十日），頁一九〇－一九一。

⑥許其正，〈鄰居〉，同註④書，頁八五。

⑦許其正，〈自勉〉，同註④書，頁一二七。

第二十三章 總結：詩人的珠穆朗瑪峰「諾貝爾文學獎」

到底要如何為詩人許其正寫一篇簡要總結？也是本書總結。我試寫多頁，皆感不足以彰顯許君一生從事現代詩創作的崇高使命感！亦難以衡量他的文學藝術所達致的高度！更測不準他一生致力以文學詩作修行的深度！這都是筆者功力不足。

幸好，發現就在《華文現代詩》創刊號，一篇「詩人許其正獲推荐為諾貝爾文學獎候選人」的文獻資料，可為詩人最佳總結，借來一用，全引如下。

寬廣與視野 台灣詩心

詩人許其正獲推薦爲諾貝爾文學獎候選人

全心全力致力於文學創作，著有成就，詩人許其正獲國際詩歌翻譯研究中心推薦，角逐今年諾貝爾文學獎。

在中國重慶和美國俄亥俄兩地註冊的「世界詩人」季刊，是一本以世界主要國家語文印行的詩刊。本月八日出版的刊物中，該刊登載了一篇中英對照致諾貝爾文學獎評審委員會的推薦函。該函是由該研究中心的主席張智博士、天津師範大學教授張智中博士及寧波大學教授楊成虎博士共同具名推薦。推薦函推崇詩人許其正，「以一顆高潔、悲憫而又勇於擔當的詩心，寫下了大量自然而不失厚重、樸實而不失深刻的極具生命力的優秀詩篇。詩人讚美鄉土、田園、大自然，歌唱友情和愛情，呼喚世界和平，在山川草木的榮枯和時間的流逝中，呈現生命的疼痛與亮麗。同時，深入時代，直面人生，對當下人類生存境況的日趨惡化、無望，以詩的形式，表達了詩人內心的憤懣、吶喊與抗議。」

詩人許其正，一九三九年生於屏東縣，寫作已超過五十年，以新詩與散文為主，兼及詩歌翻譯。五十餘年來，他已出版了十二本重要的詩集（其中五本為中英對照、二本為中希對照、一本為中蒙對照、一本為中英日對照）、八本散文集，以及二本翻譯詩集。他的詩，曾先後被譯成英文、日文、希臘文、斯拉夫——蒙古文、希伯來文、俄文、法文、羅馬尼亞文、葡萄牙文等多種外國文字，流布於世界各國，並榮獲國內外多種文學獎，可以說是一位享有國際性聲譽的卓越詩人，該詩歌翻譯研究中心遂予以推薦。

附推薦函原文供參閱：

致諾貝爾文學獎評審委員會的推薦函

諾貝爾文學獎評審委員會：

我們非常榮幸地向貴評審委員會推薦來自臺灣的許其正博士。

許其正博士是當代卓越的詩人、作家兼翻譯家。一九三九年出生於臺灣屏東縣。他於一九六〇年開始在臺灣《聯合報》副刊發表文學作品，以新詩與散文為主，兼及詩歌翻譯。五十餘年來，他已出版了十二本重要的詩集（其中五本為中英對照、二本為中希對照、一本為中蒙對照、一本為中英日對照）、八本散文集，以及二本翻譯詩集。

傑出的詩人總會著力經營自己的藝術風格，並充分展示自己的藝術風格。在數十年的文學創作生涯中，許其正博士以一顆高潔、悲憫而又勇於擔當的詩心，寫下了大量自然而不失厚重、樸實而不失深刻的極具生命力的優秀詩篇。詩人讚美鄉土、田園、大自然，歌唱友情和愛情，呼喚世界和平，在山川草木的榮枯和時間的流逝中，呈現生命的疼痛與亮麗。同時，深入時代，直面人生，對當下人類生存境況的日趨惡化、無望，以詩的形式，表達了詩人內心的憤懣、吶喊與抗議。

許其正博士的詩，視野宏闊，想像力非凡，情感濃郁，意象疏密有致，語言簡約、清澈，很鄉土，很現代，很希臘，頗具現代氣息和藝術震撼力。他的作品，曾先後被譯成英文、日文、希臘文、斯拉夫——蒙古文、希伯來文、俄文、法文、羅馬尼亞文、葡萄牙文等多種外國文字，流布於世界各國，並榮獲國內外多種文學獎。可以說，許其正博士是一位享有國際性聲譽的卓越的詩人。

毫無疑問，他已在深刻的人生思辨與精湛的藝術技巧基礎之上，建立起自己獨特的價值體系。這決定了許其正博士是一位具有非凡藝術成就的詩人，是一位值得研究和褒揚的當代卓越的漢語詩人。

基於此，我們毫不猶豫地推薦許其正博士角逐諾貝爾文學獎。我們十分榮幸地知道許其正博士現居臺灣新北市，專事閱讀與寫作。在這裏，我們奉上漢英對照版《盛開的詩花——許其正中英對照詩選》兩冊，供您們參考。

最後，我們懇請尊敬的評委們，考慮將偉大的諾貝爾文學獎，授予當代傑出的詩人許其正博士。

謹致以最深的敬意！

國際詩歌翻譯研究中心主席　張　智　博士（詩人，評論家，學者）

中國天津師範大學教授　張智中　博士（詩人，翻譯家，學者）

（原文）

Letter of Recommendation to the Appraisal Committee of Nobel Prize in Literature

中國寧波大學教授
楊成虎 博士（詩人，翻譯家，學者）

Appraisal Committee of Nobel Prize in Literature,

We feel that it is our great honor to recommend to you Dr. Hsu Chicheng, who is from Taiwan.

Dr. Hsu Chicheng is a distinguished poet, writer, and translator in contemporary China; in 1939 he was born in Pingtung County, Taiwan, Since 1960 when Hsu published his maiden work in the supplement of *The United Daily News* of Taiwan, his literary creation includes writing of new poems and prose and poetry translation. In the past 50 years, he has published 12 collections of poetry (among which five are Chinese-English, two Chinese-Greek, one Chinese-Mongolian, and one Chinese-English-Japanese), 8 collections of prose pieces, and 2 collections of translated poems.

A distinguished poet carefully nurtures his artistic style, and tries to exhibit his artistic style. In decades of literary creation, Dr. Hsu Chicheng, by dint of his pure, lofty, compassionate, courageous heart, has produced a host of excellent pieces which are natural yet massive, simple yet profound, and full of life-force. The poet praises his native soil, pastoral life, and the great nature; he sings love and friendship; he calls for peace in the world; and in describing the flourishing and withering of hills and rills, trees and grasses, as well as the passage of time, he exhibits the pain and beauty of life. At the same time, Hsu is in step with the epoch and he faces up to human life as he penetrates the hopeless deterioration of human existence by expressing his inner rage, shout and protest in his poems.

Poems by Dr. Hsu Chicheng, we believe, are broad in vision, uncommon in imagination, rich in feeling, balanced in allocation of images, succinct and limpid in wording and phrasing, so much so that they are both rural and modern, quite Hellenic, and not without a breath of modernism and strong artistic appeal. His works have been translated into many languages, including English, Japanese, Greek, Slavic-Mongolian, Hebrew, Russian, French, Romanian, and Portuguese, to be shared by readers throughout the world, and he has won many literary honors and prizes. It is safe to say that Dr. Hsu Chicheng is an excellent poet of international fame.

Without any doubt, Dr. Hsu Chicheng has established his own system of value on the basis of his profound thought on human life and consummate artistic skills, which defines him as a poet of outstanding artistic achievement who, as a distinguished Chinese poet, merits our praise and deserves our further study.

Therefore, we do not hesitate to recommend Dr. Hsu Chicheng as candidate for the Nobel Prize in Literature. And we are honored to know that Dr. Hsu Chicheng now lives in New Taipei City, Taiwan, China, committing himself to reading and writing. Enclosed with the letter are two copies of *Blossoming Blossoms of Poetry — Selected Poems of Hsu Chicheng (Chinese-English)* for your reference.

At last, please give your consideration to award the great Nobel Prize in Literature to Dr. Hsu Chicheng, a distinguished poet in contemporary China.

With the most profound regards and respect!

附　件　許其正生命歷程與寫作年表

一九三九年（民國二十八年）

△八月一日生，籍貫台灣屏東。

一九四六年（民國三十五年）七歲

△八月：入學潮州國小。

一九五二年（民國四十一年）十三歲

△七月：潮州國小畢業。

△八月：入學東港中學初中部。

一九五五年（民國四十四年）十六歲

△七月：東港中學初中部畢業。

△八月：入學東港中學高中部。

一九五六年（民國四十五年）十七歲

△八月：轉學潮州中學高中部。

一九五八年（民國四十七年）十九歲

△七月：潮州中學高中部畢業。

一九五九年（民國四十八年）二十歲

△八月：就讀東吳大學法律系（五年制英美法組）。

一九六三年（民國五十二年）二十四歲

△任《大學詩刊》、《雙溪》、《達德學刊》、《中華青年學刊》編輯。

一九六四年（民國五十三年）二十五歲

△六月：東吳大學法律系畢業（法學士，ＬＬＢ）。

△八月～十月：軍法學校受訓。

△八月：詩集《半天鳥》出版，台北，葡萄園詩社。

△十月：服預官役於空軍警衛旅，為軍法官。

一九六五年（民國五十四年）二十六歲

△任《台灣文藝》編輯，協助吳濁流，為新詩主選。

△八月：任志成商職教師。

一九六六年（民國五十五年）二十七歲

△八月：轉任潮州初中教師。

一九六七年（民國五十六年）二十八歲

△參與永達工專創辦，為第一屆董事，並任該校講師兼課務主任。

一九六八年（民國五十七年）二十九歲

△與林蜜結婚。

一九六九年（民國五十八年）三十歲

△八月：改兼永達工專圖書出版主任。

△九月：長子俊傑出生。

一九七〇年（民國五十九年）三十一歲

△七月：辭去永達工專教職，退出該校董事會。

△八月：轉任新埤國中教師兼教務主任。

一九七一年（民國六十年）三十二歲

△九月：長女雅靜出生。

一九七三年（民國六十二年）三十四歲

△二月：次女雅惠出生。

△兼任台灣時報及中央日報記者。

一九七六年（民國六十五年）三十七歲

△三月：散文集《穟苗》出版，台中，光啟出版社。

△七月：詩集《菩提心》出版，高雄，三信出版社。

一九七七年（民國六十六年）三十八歲

△元月：散文集《綠園散記》出版，台中，光啟出版社。

一九七八年（民國六十七年）三十九歲

△四月：散文集《綠蔭深處》出版，台中，光啟出版社。

一九七九年（民國六十八年）四十歲

△七月：辭去新埤國中教職，轉任光春國中教師兼教導主任。

△八月：散文集《夏蔭－許其正散文自選集》（自印）。

一九八〇年（民國六十九年）四十一歲

△八月：改兼光春國中教務主任。

一九八一年（民國七十年）四十二歲

△兼任中華民國青溪新文藝學會屏東分會理事、中國青年寫作協會屏東分會理事兼

總幹事。

一九八二年（民國七十一年）四十三歲

△列名《中華民國現代名人錄》。

一九八四年（民國七十三年）四十五歲

△應聘鳳山陸軍官校社團活動文藝創作組指導教官，為副教授。

一九八五年（民國七十四年）四十六歲

△高雄師院（大）教育研究所結業。

△三月：獲台灣省新聞處《故鄉四十年》散文徵文第三名。

一九八九年（民國七十八年）五十歲

△七月：辭去光春國中教職。

△八月：轉任新莊國中教師。

一九九一年（民國八十年）五十二歲

△四月：散文集《珠串》出版，台北，漢藝色研文化公司。

一九九二年（民國八十一年）五十三歲

△為故友蔡茂雄遺作《中國神童》寫序。

△兼任新莊國中教師文學藝術聯誼社社長。

一九九三年（民國八十二年）五十四歲

△十月：散文集《走過牛車路》出版，台北，漢藝色研文化公司。

一九九四年（民國八十三年）五十五歲

△出席第十五屆世界詩人大會。

△接受漢聲廣播電台專訪，談寫作。

一九九五年（民國八十四年）五十六歲

△一月：學編劇。

△十月：獲國軍新文藝金像獎劇本佳作。

△五月：詩集《南方的一顆星》出版，屏東縣立文化中心。

△十二月：獲青溪文藝金環獎劇本佳作。

一九九六年（民國八十五年）五十七歲

△八月：前往日本郡馬縣前橋出席第十六屆詩人大會。（按許其正〈戶外詩歌朗誦〉一詩註記，這是一九九八年的活動，為誤記。）

一九九七年（民國八十六年）五十八歲

△八月：前往南韓首爾參加第十七屆世界詩人大會。

一九九八年（民國八十七年）五十九歲

△自新莊國中退休，受委託起草新莊國中退休聯誼會組織規程。

一九九九年（民國八十八年）六十歲

△一月：出席「迎向八八詩歌朗誦會」。

△八月：與長女雅靜隨同大海洋詩社同仁前往內蒙古出席中國新文學學會第十六屆學術年會。

二〇〇〇年（民國八十九年）六十一歲

△五月：獲屏東縣大武山文學獎劇本第三名。

△獲聘《國際漢語詩壇》編委。

二〇〇二年（民國九十一年）六十三歲

△四月廿五日，接受高雄廣播電台「海與風的對話」節目專訪，談寫作歷程。

二〇〇三年（民國九十二年）六十四歲

△二月：詩集《海峽兩岸遊蹤》出版，楊宗澤譯，中英對照，北京，團結出版社。

二〇〇四年（民國九十三年）六十五歲

△獲國際詩歌翻譯研究中心頒發榮譽文學博士學位，並獲聘任《國際漢語詩壇》特約總編。

△十月：獲希臘札斯特朗文學會紀念獎。

△獲康橋國際名人傳記中心選為廿一世紀傑出智慧人物。

△十月：《海峽兩岸遊蹤》由希臘雅典克來諾詩社出版，希臘安東尼和格坦納契譯，中希對照。

△十月：獲聘為國際詩歌研究中心終身研究員、國際詩人檔案中心終身名譽主任。

二〇〇五年（民國九十四年）六十六歲

△九月：出任澳洲彩虹櫻文學會台灣分會會長。

△十一月：獲邀為希臘札斯特朗文學會榮譽會員，並獲頒詩歌精神獎。

二〇〇六年（民國九十五年）六十七歲

△二月：獲國際詩歌翻譯研究中心評為二〇〇四年國際最佳詩人。

△三月：再獲希臘札斯特朗文學會頒發詩歌精神獎。

△五月：詩集《胎記》出版，楊宗澤譯，中英對照，譯名《Birthmark》，重慶，環球文化出版社。

△九月：前往蒙古國烏蘭巴托參加第二十六屆世界詩人大會，並獲世界藝術文化學院頒發榮譽文學博士學位。

二〇〇七年（民國九十六年）六十八歲

△五月：翻譯希臘詩人莎妮塔・卡利瓦・帕白奧安諾詩集《心的翅膀》出版，中、希、英、法、義對照，中文部份由許其正譯。希臘，梧桐樹出版社，譯名《With My Heart's Wings》。

△六月：詩集《胎記》出版，中蒙對照，蒙古阿爾特斯伕特出版社。

△八月：詩集《胎記》出版，中希對照，重慶，環球文化出版社。

二〇〇八年（民國九十七年）六十九歲

△五月：詩集《重現》出版，楊宗澤譯，中英對照，重慶，環球文化出版社。

二〇〇九年（民國九十八年）七十歲

△七月：在署立台北醫院進行攝護腺手術。

二〇一〇年（民國九十九年）七十一歲

△一月：由於在署立台北醫院進行攝護手術失敗，轉往台北榮總為第二次手術，成功。

△三月：詩集《山不講話》出版，楊虛、楊宗澤、張智中、舒媛媛、許其正英譯。殷曉媛、木村哲也日譯，中英日三語，重慶，環球文化出版社。

△七月：翻譯希臘詩人 potis katrkis 詩集《不可預料的》出版，希臘，麗希逖朋出版社。

△十二月：出席第三十屆世界詩人大會。

二〇一一年（民國一百年）七十二歲

△一月：參與台北市文化局主辦，《文訊》承辦的《青春結社》活動，與柯慶明、吳宏一、林綠及張錯共同擔任主講。

△八月：前往美國契諾沙參加第三十一屆世界詩人大會。

△九月：散文集《打赤膊的日子》（《走過牛車路》革新版）出版，台北，秀威資訊科技股份有限公司。

△十一月：前往高雄文學館以〈田園・鄉土・富比世〉為題，發表文學演講。

二〇一二年（民國一〇一年）七十三歲

△三月：散文集《走過廊仔溝》出版，台北，秀威資訊科技股份有限公司。

△六月：獲黎巴嫩耐吉・阿曼詩歌榮譽獎。

△七月：獲國際作家藝術家協會頒發榮譽人文博士學位。

△八月：詩集《盛開的施花 — 許其正中英對照詩選》出版，張智中等譯，重慶，環球文化出版社。

△從一九六一年（二十二歲）發表第一首詩，到今年（七十四歲），正好創作五十年。

二〇一四年（民國一〇三年）七十五歲

△二月：出任《華文現代詩季刊》編委。

△三月：詩集《旅途中》出版，張智中譯，中英對照，重慶，環球文化出版社。

△五月：獲國際作家藝術家協會，推舉為「英譯中最佳翻譯」。

△九月：長子俊傑兼任特利路大學公衛健教系，博士班主任召集人。

△獲推荐為諾貝爾文學獎候選人。詳見《華文現代詩》創刊號，二〇一四年五月。

二〇一五年（民國一〇四年）七十六歲

△八月：媳婦陳慧霞接任特利路大學護理學院副院長。

二〇一六年（民國一〇五年）七十七歲

△元月：詩集《拾級》（Stepping）出版，印度，新德里作家出版社，為自譯英文

出版的第一本詩集。

△六月：散文集《晚霞燦黃昏》出版，台北，文史哲出版社。